主题饭店：如何赢得竞争优势

焦 彦 著

南开大学出版社

天 津

图书在版编目(CIP)数据

　　主题饭店：如何赢得竞争优势／焦彦著．—天津：南开大学出版社，2013.2（2019.7重印）
　　ISBN 978-7-310-04110-7

　　Ⅰ．①主… Ⅱ．①焦… Ⅲ．①饭店—经营管理 Ⅳ．①F719.2

中国版本图书馆CIP数据核字（2013）第012547号

版权所有　侵权必究

南开大学出版社出版发行
出版人：刘运峰
地址：天津市南开区卫津路94号　　邮政编码：300071
营销部电话：(022)23508339　23500755
营销部传真：(022)23508542　邮购部电话：(022)23502200

＊

天津泰宇印务有限公司印刷
全国各地新华书店经销

＊

2013年2月第1版　　2019年7月第2次印刷
210×148毫米　32开本　6.25印张　200千字
定价：20.00元

如遇图书印装质量问题，请与本社营销部联系调换，电话：(022)23507125

序　言

齐善鸿

我本人与饭店管理结缘已经二十多年了，每每想起自己从一个完全的门外汉到今天大家抬爱成为专家，首先要说的是感恩。感恩南开大学旅游系的领导和同事们给予我的指导和历练的机会，感恩前国家旅游局魏小安司长、肖潜辉司长和陈世红处长他们高屋建瓴和细致卓越的启迪，感恩我在参加白金五星工作期间中国饭店业的元老级专家们给我的诸多教益，感恩北京长城饭店的老朋友们、四川锦江宾馆的新老朋友、深圳五洲宾馆原总经理和深圳旅游局岳川江局长、深圳银湖旅游中心原总经理林建章先生和好朋友姜贤军先生、四川鹤翔山庄的总经理安茂成先生，等等。可以说，正是他们的指导和关爱成就了我的饭店管理研究与实践的生涯，也正是他们的智慧为我点亮了饭店研究生涯中最最闪亮的一盏盏明灯。

感恩，是一个人的基本德性。如果没有了感恩，人生的过去就是一片苍白！

感恩，是人类善良的基本标志，更是每个人都应该时刻不忘的中华优秀文化！

我以"感恩"作为这篇序言的开始，一是真心使然，二是要合于焦彦博士所作的这项研究——文化主题饭店。

众所周知，在历史上，饭店的雏形是客栈。这种客栈的现代版——汽车旅馆这种类型的饭店依然在演绎着饭店的历史之魂。

如今，现代饭店业的兴起打破了过去那种田园般的饭店业态，城市中心区饭店的高楼大厦似乎已经让人们淡忘了饭店的那段历史。不过，历史好像是在一种宿命般的轮回中发展的，近些年来的以保护原始民间生活风貌作为设计和运营风格的高档次文化酒店与简捷方便的快捷酒店似乎正在印证这样的一种历史规律，哪怕是农家乐的热闹景象似乎也在帮助我们这些已经熟悉了现代商务酒店的人们恢复对饭店业历史与人文的记忆。

这是简单地怀旧吗？不，这是对文化的回归！

这是简单地用文化来装点吗？不，这是人们内心深处对文化的渴望！

极尽奢华终落去，遍地瓦砾！
天地自然实大美，灿烂满天！
人间悟道合天地，文养心灵！
方寸一觉天堂在，空灵真人！

焦彦的这本著作，也正是在这样的一种历史文化与灵性回归的大潮中成为绚烂的一朵浪花的。人们都在寻求机遇，却忽视了用自己的心去感悟历史变化的趋势与天地大律，于是，不少的聪明人最后落得个随波逐浪到天涯。

如今的建筑，渐渐地远离了真正的文化。过分地追求奢华和现代，使得很多建筑在文化上变得苍白甚至荒唐。饭店业也不例外，建筑的文化特征越来越少见了，里面的装饰越来越让人看不懂，逐渐从业者们也只是例行公事或者简单地只是为了生存。

可是，随着人们对现代生活的反思和对奢华的厌倦，何处可以寻得那已经渐渐远去的心灵记忆？何处可以寻到心灵所需要的那份宁静？我们的双眼在跟随着五彩缤纷转了个眩晕之后，何时能够内视自己？何处可以让自己像一个旁观者那样审视自己的生活？饭店可以成为人们的一个心灵栖息之地吗？还是只有那种无休无止所谓的商务活动？

饭店的群落，如同社会中人群的生活一样，也都是需要各种形态的。但是，对于心灵与文化的需求，我们心智健全的人，会有例外吗？这也正是焦彦博士这篇论文的基本立足点和最高的诉求！

人是文化的动物，否则，就与一般动物无异了，或者更坏。如今饭店从业者，做得好的，无疑都在向着顾客传递一种人类的文明精神和文明感受，至于说衣食住行这样一些看起来很重要的生理活动则只是一种表面现象，背后真正的价值实际上就是顾客的感受，那些活动只是个必要的载体。在我们明白了这一点之后，也就知道了饭店业产品的本质——行为活动背后的文化价值与文明感受，这一切都是由人的心灵来完成的——不仅仅是顾客，也需要饭店从业者用心灵来提供这样的心灵感受。而这，就是焦彦博士这本书所提供给业者的最深刻的一种思考。

用现在流行的术语来说，饭店业只有能够给顾客创造价值才能赢得自己的价值，才能在竞争中赢得优势。当这种价值的创造使顾客产生了心灵的依赖和不可替代性时，饭店的经营才可以真正地立于不败之地。这又是焦彦博士这本书所给予业者的最深刻的启迪！

我是焦彦博士读书期间的导师，上述的美言难脱"护犊"的嫌疑，但这些认识与评价都是发自内心的。自然，这份思考不是属于她和我个人的，而是集中了业界很多智者的思考与智慧，也来自很多年轻的饭店业朋友们正在经受的文化焦虑。焦彦博士和我主要是来整理大家的思考与智慧的，任何的卓越之处都不是个别人的，都是集体智慧的集合。在此，我也向支持我们从事这些研究的领导和同行朋友们表示感谢！荣誉属于大家！事业属于众人！

繁华散尽心灵觉，当是所有人最终的宿命！

齐善鸿　博士
南开大学商学院、旅游与服务学院教授
中国哲学社会科学管理创新研究中心主任
老子道学文化研究会副会长兼道商委员会主任
全国高校管理哲学研究会副会长
南开大学医院院长

2012年11月21日星期三于南开学者公寓

摘 要

在饭店激烈竞争的市场背景之下,在文化日益彰显力量的国际趋势下,作为一种较新的特殊饭店类型,主题饭店近年来受到了业界的密切关注。同时,伴随着主题饭店在市场上的摸索式发展,相关理论成果的需求变得越来越突出。然而,作为一个较新的研究领域,目前国内外的相关研究并不足以为实践提供有效的服务。正是在这样一个理论匮乏与实践急需共存的现实背景之下,笔者选择了主题饭店作为研究对象,将主题饭店目前的最紧迫问题——竞争优势的形成机理作为研究内容。同时,从目前饭店企业的竞争困境中不难发现,饭店不可能彻底摆脱竞争,饭店需要不断地创造新的顾客价值去驾驭竞争,同质化的顾客价值成为饭店企业陷入竞争困境的根本原因。饭店企业要想在竞争中持续占据优势地位,就需要创造差异化的顾客价值,而且不能满足于某种价值要素的低度差异,需要根据顾客对饭店价值的认知规律创造涉及更多认知环节的高差异度的顾客价值,增加竞争者模仿的难度。因此,本书将主题饭店的存在根本——顾客价值创新作为研究的切入点,充分借鉴了国内外现有的研究成果,在对主题饭店的内涵进行归纳和辨析的基础上,构建并详细论述了主题饭店竞争优势的形成的理论模型,并以成都京川宾馆为例对该理论模型进行了实证说明。

首先,围绕着三个关键词"主题饭店"、"顾客价值创新"、"竞争优势"对国内外相关文献进行了回顾和梳理,为整个研究的开展奠定了理论基础。

其次,在充分挖掘"主题"内涵的基础上,从品牌建设的角度对主题饭店内涵进行了界定:从主题的选择上来说,主题是成熟的独立的文化概念，该主题独立于主题饭店之外，有着成体系且专属于该主题的文化元素；从主题饭店的形式和内容上来说，主题饭店是主题元素与饭店功能要素的融合，而且融合的方式尊重主题本身的内涵；从结果，即顾客体验来说，主题饭店不仅在保障顾客获得饭店基本功能的过程中让顾客感受到主题文化的氛围，而且使顾客在基本功能之外对主题的文化内涵与相关知识有了进一步的了解，使顾客价值在精神价值层次上得到提升。"主题饭店"的明确界定不仅有助于厘清主题饭店与文化主题饭店、特色饭店、精品饭店等概念的关系，而且为后续研究的开展创造了条件。

接着，在对国外主题饭店的典型代表（拉斯维加斯的主题饭店）和国内主题饭店代表（成都的主题饭店）进行典型案例比较与分析的基础上，归纳和提炼出了形成主题饭店竞争优势的关键要素：主题饭店对主题的价值诉求；主题本身的异质性；表现为主题与饭店融合程度的主题开发能力，建构了主题饭店竞争优势形成的静态模型。同时，根据主题饭店竞争优势在时间范围和在空间范围内的动态变化情况建构了主题饭店竞争优势形成的动态模型。

然后，分别对主题饭店竞争优势形成的静态模型和动态模型进行了系统的理论分析，探讨了模型中相关要素对竞争优势的影响：在静态模型中分别分析了主题饭店的价值诉求、主题的文化根基和市场背景、主题与饭店四种融合方式对竞争优势的影响；在动态模型中分别分析了竞争优势的纵向层级演进、以增值员工利益和以增值社会利益为中间变量的竞争优势的横向延伸。

最后，依据本研究中形成的主题饭店竞争优势形成模型，对成都京川宾馆——中国第一家在国家授牌和证书中明确写有"文化主题"字样的主题饭店——的竞争优势现状进行了分析，并针对京川宾馆的发展提出了三个战略性的建议，由急到缓依次是：锻造饭店的主题精神、培育饭店的主题人才、夯实饭店的主题硬件。

目 录

序言 ··· 1
摘要 ··· 1
第一章 绪论 ·· 1
  第一节 选题背景 ··· 1
    1.1.1 中国饭店业目前的竞争态势 ··· 1
    1.1.2 中国饭店企业面临的竞争困境 ·· 4
    1.1.3 主题饭店的积极发展 ·· 7
  第二节 研究内容与研究意义 ··· 8
    1.2.1 研究内容 ··· 8
    1.2.2 研究意义 ··· 9
  第三节 研究方法与技术路线 ··· 10
    1.3.1 研究方法 ··· 11
    1.3.2 技术路线 ··· 13
第二章 文献综述 ··· 15
  第一节 主题饭店及相关研究 ··· 15
    2.1.1 关于主题饭店内涵的认识 ··· 15
    2.1.2 主题饭店内涵的研究评析 ··· 18
    2.1.3 品牌建设和企业文化建设理论基础 ·· 20
  第二节 企业竞争优势相关研究 ··· 23
    2.2.1 企业竞争优势的概念 ·· 23
    2.2.2 企业竞争优势的来源 ·· 25
    2.2.3 企业竞争优势与顾客价值创新 ·· 27
  第三节 顾客价值的相关研究 ··· 30
    2.3.1 顾客价值的概念研究及评析 ··· 30
    2.3.2 顾客价值构成研究及其评析 ··· 32

第四节　饭店企业的顾客价值研究⋯⋯⋯⋯⋯⋯⋯⋯⋯⋯⋯⋯35
　　　2.4.1　饭店顾客价值的认知载体⋯⋯⋯⋯⋯⋯⋯⋯⋯⋯⋯35
　　　2.4.2　顾客价值认知载体的体验过程⋯⋯⋯⋯⋯⋯⋯⋯⋯38
　　　2.4.3　顾客价值认知载体的体验结果⋯⋯⋯⋯⋯⋯⋯⋯⋯40
　　　2.4.4　本书对饭店顾客价值的界定⋯⋯⋯⋯⋯⋯⋯⋯⋯⋯41

第三章　主题饭店的内涵和辨析⋯⋯⋯⋯⋯⋯⋯⋯⋯⋯⋯⋯⋯⋯48
　　第一节　主题饭店产生和发展的历史背景⋯⋯⋯⋯⋯⋯⋯⋯⋯48
　　　3.1.1　主题饭店的起源⋯⋯⋯⋯⋯⋯⋯⋯⋯⋯⋯⋯⋯⋯⋯48
　　　3.1.2　主题饭店发展的市场背景⋯⋯⋯⋯⋯⋯⋯⋯⋯⋯⋯49
　　第二节　主题饭店之"主题"的内涵剖析⋯⋯⋯⋯⋯⋯⋯⋯⋯53
　　　3.2.1　"主题"概念的起源和演进⋯⋯⋯⋯⋯⋯⋯⋯⋯⋯53
　　　3.2.2　品牌主题的内涵和本质⋯⋯⋯⋯⋯⋯⋯⋯⋯⋯⋯⋯55
　　　3.2.3　企业构建品牌主题的基础和来源⋯⋯⋯⋯⋯⋯⋯⋯57
　　第三节　主题饭店的内涵界定⋯⋯⋯⋯⋯⋯⋯⋯⋯⋯⋯⋯⋯⋯59
　　　3.3.1　品牌与主题饭店⋯⋯⋯⋯⋯⋯⋯⋯⋯⋯⋯⋯⋯⋯⋯60
　　　3.3.2　主题饭店的定义⋯⋯⋯⋯⋯⋯⋯⋯⋯⋯⋯⋯⋯⋯⋯63
　　第四节　主题饭店与相关概念的辨析⋯⋯⋯⋯⋯⋯⋯⋯⋯⋯⋯64
　　　3.4.1　主题饭店与文化主题饭店⋯⋯⋯⋯⋯⋯⋯⋯⋯⋯⋯64
　　　3.4.2　主题饭店与特色饭店⋯⋯⋯⋯⋯⋯⋯⋯⋯⋯⋯⋯⋯64
　　　3.4.3　主题饭店与精品饭店⋯⋯⋯⋯⋯⋯⋯⋯⋯⋯⋯⋯⋯65

第四章　主题饭店竞争优势形成的模型建构
　　　　——基于典型案例的比较分析⋯⋯⋯⋯⋯⋯⋯⋯⋯⋯⋯66
　　第一节　比较分析的工具⋯⋯⋯⋯⋯⋯⋯⋯⋯⋯⋯⋯⋯⋯⋯⋯66
　　　4.1.1　比较主题和比较内容的确定⋯⋯⋯⋯⋯⋯⋯⋯⋯⋯67
　　　4.1.2　比较对象的确定⋯⋯⋯⋯⋯⋯⋯⋯⋯⋯⋯⋯⋯⋯⋯67
　　第二节　拉斯维加斯主题饭店的顾客价值创新剖析⋯⋯⋯⋯⋯69
　　　4.2.1　顾客价值创新的内容⋯⋯⋯⋯⋯⋯⋯⋯⋯⋯⋯⋯⋯69
　　　4.2.2　顾客价值创新的基础⋯⋯⋯⋯⋯⋯⋯⋯⋯⋯⋯⋯⋯70
　　　4.2.3　顾客价值创新的持续性分析⋯⋯⋯⋯⋯⋯⋯⋯⋯⋯73
　　第三节　成都主题饭店的顾客价值创新剖析⋯⋯⋯⋯⋯⋯⋯⋯75

4.3.1　顾客价值创新的内容 75
　　4.3.2　顾客价值创新的基础 77
　　4.3.3　顾客价值创新的持续性分析 78
　第四节　中外典型主题饭店顾客价值创新的比较分析 79
　　4.4.1　中外典型主题饭店顾客价值创新的比较结果 79
　　4.4.2　中外典型主题饭店顾客价值创新差异的分析 80
　第五节　主题饭店竞争优势形成的模型构建 83
　　4.5.1　主题饭店竞争优势形成的静态模型 83
　　4.5.2　主题饭店竞争优势形成的动态模型 86

第五章　主题饭店竞争优势形成的静态模型分析 89
　第一节　主题饭店的价值诉求与竞争优势 89
　　5.1.1　主题的价值认知 89
　　5.1.2　顾客精神价值需求 92
　　5.1.3　主题价值诉求与饭店竞争优势 93
　第二节　主题与主题饭店竞争优势 96
　　5.2.1　主题的文化根基与主题饭店竞争优势 97
　　5.2.2　主题的市场背景与主题饭店竞争优势 103
　第三节　主题开发与主题饭店竞争优势 105
　　5.3.1　主题与饭店的融合方式 106
　　5.3.2　融合方式与顾客价值 112
　　5.3.3　顾客价值与竞争优势 116

第六章　主题饭店竞争优势形成的动态模型分析 123
　第一节　竞争优势的纵向演进 123
　　6.1.1　竞争优势的层级 123
　　6.1.2　竞争优势演进的本质规律 126
　　6.1.3　竞争优势演进的瓶颈 129
　第二节　微观视角下主题饭店竞争优势的横向延伸 131
　　6.2.1　顾客价值创新与员工利益增值 131
　　6.2.2　员工利益增值与竞争优势 134
　　6.2.3　增值员工利益的基本方法 136

    第三节 宏观视角下主题饭店竞争优势的横向延伸……138
        6.3.1 顾客价值创新与社会利益增值……138
        6.3.2 社会利益增值与竞争优势……141

第七章 主题饭店竞争优势形成机理的应用
——以成都京川宾馆为例……144
    第一节 京川宾馆主题建设现状……144
        7.1.1 京川宾馆主题的文化根基和市场背景……144
        7.1.2 京川宾馆主题的价值诉求……146
        7.1.3 京川宾馆主题与饭店的融合方式……147
    第二节 京川宾馆竞争优势表现及分析……151
        7.2.1 饭店关键性业务指标的表现及分析……151
        7.2.2 增值员工价值的表现及分析……154
        7.2.3 增值社会利益的表现及分析……156
    第三节 京川宾馆提升竞争优势的战略性建议……157
        7.3.1 锻造饭店的主题精神……157
        7.3.2 培育饭店的主题人才……160
        7.3.3 夯实饭店的主题硬件……163

第八章 结论与展望……164
    第一节 主要结论……164
        8.1.1 主题饭店的内涵界定……164
        8.1.2 国内外主题饭店的差异……165
        8.1.3 主题饭店竞争优势形成的关键要素……166
        8.1.4 主题饭店竞争优势的动态发展……166
        8.1.5 成都京川宾馆提升竞争优势的战略路径……167
    第二节 研究创新点……167
        8.2.1 主题饭店概念内涵的明确界定……167
        8.2.2 国内外主题饭店实践案例的比较分析……168
        8.2.3 主题饭店竞争优势形成机理的构建……168
    第三节 研究贡献……168
        8.3.1 主题饭店内涵的科学界定……168

8.3.2	主题饭店内在规律的科学剖析	169
第四节	研究局限与展望	170
8.4.1	研究局限	170
8.4.2	未来研究展望	171

参考文献 ……172

后记 ……185

第一章 绪 论

在饭店激烈竞争的市场背景之下,在文化日益彰显力量的国际趋势下,作为一种较新的特殊饭店类型,主题饭店近年来受到了业界的密切关注。同时,伴随着主题饭店在市场上的摸索式发展,相关理论成果的需求变得越来越突出。然而,作为一个较新的研究领域,目前国内外的相关研究并不足以为实践提供有效的服务。正是在这样一个理论匮乏与实践急需共存的现实背景之下,笔者选择了主题饭店作为研究对象,将主题饭店目前的最紧迫问题——竞争优势的形成机理作为研究内容,将主题饭店的存在根本——顾客价值创新作为研究的切入点。接下来,将就本书的选题背景、研究内容和研究意义、研究方法、创新点等进行详细阐述。

第一节 选题背景

本节将从中国饭店业目前的竞争态势、饭店企业的发展困境、主题饭店的积极发展三个方面来详细论述本书的选题背景。

1.1.1 中国饭店业目前的竞争态势

伴随着经济的持续增长和旅游业的快速发展,我国饭店业自改革开放以来呈现出积极、持续的发展态势,但快速的发展势必带来竞争的加剧,饭店企业正面临着激烈竞争的严峻考验,它们试图超越竞争,却往往陷入竞争困境难以自拔。

1.1.1.1 饭店数量不断扩张

1978 年改革开放之前,我国饭店中房间内带独立卫生间、适合接待境外顾客的只有137家、2万多个房间。到了2007年，我国已经拥有符合星级标准的饭店13583家，客房达到157.38万间。表1.1、表1.2及图1.1列出了我国饭店业从1991年到2007年的数量变化情况。由于国家旅游局统计口径的变化，2000年以后只能用星级饭店的表现来间接反映整个饭店业的发展状况。尽管如此，我们不难看出，星级饭店与整个旅游饭店业具有一致的发展趋势，因此，星级饭店作为我国饭店业的中坚力量，其增长状况也可以较客观地反映出我国整个饭店业较快的扩张速度。在2003年以前，基于我国经济快速发展的大环境，受改革开放各项利好政策的影响，以及饭店业本身的诱惑，我国饭店业基本保持了两位数的增长速度，只是个别年份由于受到特殊经济、政治、社会事件的影响增长速度有所减缓，但依然保持增长态势。2001年前后更是受到我国加入世贸组织的影响出现了超过20%的增长速度。从2004年到2007年，我国饭店业的增长速度渐趋放缓，但仍保持在5%以上。2008年和2009年的增长速度进一步放缓，但受到2008年北京奥运会的推动，我国饭店数量依然保持增长。

表1.1 1991~2000年旅游涉外饭店数量

年份	1991	1992	1993	1994	1995	1996	1997	1998	1999	2000
数量	2130	2354	2552	2995	3720	4418	5201	5782	7035	10481
增速(%)	7.2	10.5	8.4	17.3	24.2	18.7	17.9	11.2	21.7	50.0

资料来源：根据《中国旅游统计年鉴》整理。

表1.2 1996~2009年星级饭店数量

年份	1996	1997	1998	1999	2000	2001	2002	2003	2004	2005	2006	2007	2008	2009
数量	2349	2724	3248	3856	6029	7358	8880	9751	10888	11828	12751	13583	14099	14237
增速(%)	—	16	19.3	18.7	56.3	22.1	20.7	9.8	11.7	8.6	7.8	6.5	3.8	1.0

资料来源：根据《中国旅游统计年鉴》整理。

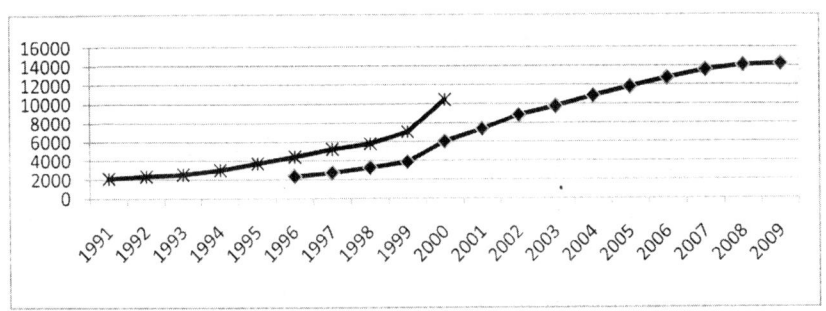

图 1.1 1991~2009 年旅游涉外饭店和星级饭店数量

资料来源：根据《中国旅游统计年鉴》数据绘制。

1.1.1.2 饭店业整体利润持续低迷

饭店的数量持续增多，但饭店的质量却是另一番景象。1997年，全国旅游饭店的营业收入总额是 812.36 亿元，达到历年来的最高峰，但是利润总额仅 18.61 亿元，比上年减少 44.5%。有资料称，此时饭店的亏损面达 57.88%。同时，全国旅游饭店的营业收入绝对值和营业收入增长率都出现了有史以来的第一次负增长。1998 年全国饭店行业亏损 32 亿元，平均利润率降为-5.8%。之后，受亚洲金融危机、国际恐怖事件、国内洪涝灾害等影响，中国饭店业又连续 6 年出现了全行业亏损，直到 2005 年盈利 10.07 亿元。

一般认为，60% 的客房出租率是饭店的盈亏平衡点。1991～2009 年我国饭店客房出租率的变化来看（见图 1.2），在经历了长期低于 60% 的出租率后，目前已经回到 60%，并连续三年超过 60%，但是其幅度有限，这也从一个侧面反映了饭店业利润微薄的现状。

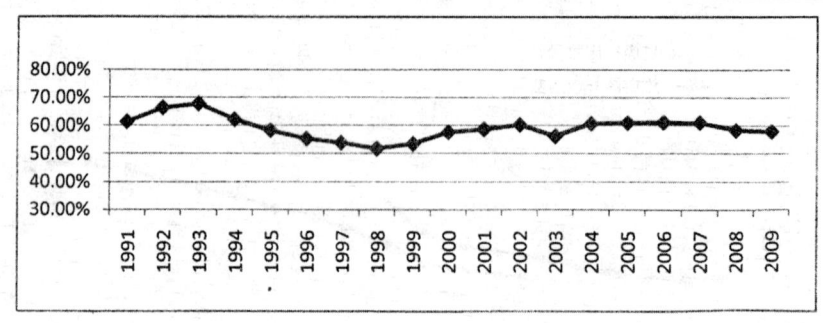

图 1.2　1991~2009 年饭店客房出租率

资料来源：根据《中国旅游统计年鉴》数据绘制。

注：受数据来源局限，1991~1999 年的客房出租率是旅游涉外饭店的平均出租率，2000~2009 年的客房出租率是星级饭店的平均出租率。

1.1.1.3　个别饭店类型高于业内平均水平

虽然饭店业整体利润水平较低，但是也有部分饭店类型整体呈现出高于饭店行业平均水平的态势。在星级饭店系统内，四、五星级饭店的客房出租率和利润水平都明显高于星级饭店平均水平。自 2002 年开始高速发展的经济型饭店更是以超过 80%的客房出租率和 50%的利润率在整体呈现低利润甚至亏损的饭店业中大放异彩。

1.1.2　中国饭店企业面临的竞争困境

1.1.2.1　星级饭店面临的竞争困境

饭店评级体系的相关标准为饭店的整体运作提供了一个基础模板，尤其是在硬件方面作了详尽的、可直接指导操作的具体规范。因此很多业主往往根据自己的资金实力确定饭店档次和基本定位，而不愿花精力再对目标市场作细致的分析和精确的定位；相关的咨询机构也往往只是根据业主的饭店档次需求再依饭店星级评定标准给出相关建议。这是一种保险的建造饭店的方式，可以保证饭店的基本行业水准，并实现一定的市场聚焦。但是，在这种被框定的思维下构建的同星级饭店，给顾客带来的是同质的价值体验。对顾客来说，只要是同一个星级就意味着同样的体验，不同星级之间可能有差异，而同一星级内部则没有太大差异，因此也就无所谓选择哪个饭店。于是，对于星级饭店来说，在星级饭店数量不断扩张、自己市场份额不断收缩的市场背景下，如何于本星级中脱颖而出成了它们不可回避的问题。

低星级饭店认为自己面对的顾客是高价格敏感度的群体，价格是影响这部分顾客价值体验的关键因素，因此更低的价格成了低星级饭店重要的竞争武器。可是，对于运营成本相差无几的同星级饭店来说，低价格并不能成为某一家饭店独有的竞争武器。首先实行低于市场价格的饭店也许能在短期内吸引顾客，但是其低价格马上就会被人模仿，甚至超越，推出更低的价格。于是，低价格只能使饭店企业在一个更低的价格水平或者是更低的利润空间内进行竞争，而无法使饭店在一个市场周期内摆脱低价竞争格局。而且低价格的竞争必然最终导致饭店品质的下降，直接影响到顾客价值的利得部分。于是，通过降低利失增加顾客价值的初衷最终可能变成顾客价值与饭店企业利润的同时缩水，让饭店企业陷入更深的困境。有的低星级饭店为走出价格竞争，通过改进服务、提高品质寻求出路，但又总是受制于低星级饭店的成本制约而难有超越同行的优势作为。

高星级饭店认为自己面对的是注重品质、追求享受的群体，硬件的完备与服务的完善是影响顾客价值体验的关键因素。因此，国外高星级饭店的先进经验成为了我国饭店学习和模仿的对象。假日集团的热情式服务、喜来登的关怀体贴式服务、香格里拉的亚洲式亲情服务等为我国高星级饭店在服务方面创造差异、用特色服务提升顾客价值提供了启示；希尔顿度假饭店开发儿童俱乐部、儿童娱乐活动、儿童自助餐，提供人性化的欢迎和告别体验，推出 SPA 体验等特色产品，启发我国高星级饭店创新产品内容、用增值服务项目提升顾客价值；巴厘岛上的美乐滋度假村等饭店提供教育、培训与文化交流项目，启发我国高星级饭店拓宽服务领域、用特别的服务功能提升顾客价值。此外，还有很多先进经验为我国高星级饭店创造竞争优势带来了灵感。我国高星级饭店品质的不断提升在给顾客带来价值增值的过程中也给自己带来了比较好的回报，这一点可以在高星级饭店明显高于饭店客房出租率、饭店利润率平均水平的历史数据中找到佐证。但是，高利润项目总是资本竞相追逐的领地，高星级饭店在我国饭店业呈现出被过度偏爱的趋势。就五星级饭店来说，国家旅游局每个月都要批准数家，而与此同时，五星级饭店的客房出租率却呈现出下降趋势。而且随着差异服务、差异产品的复制性模仿，很多高星级饭店都感到竞争乏力，有的甚至只得去关注顾客的价格敏感度，希望通过差异的价格寻求竞争优势，结果高星级饭店依然在愈来愈激烈的市场竞争中痛苦挣扎着。

1.1.2.2 新兴饭店业态面临的困境

经济型饭店是最近几年颇受市场青睐和资本追逐的新兴饭店类型，它以特定的商务、公务顾客为服务对象，区别于星级饭店的全服务功能，通过提供针对顾客需求的有限服务功能和适宜价格，为顾客创造了全新的饭店价值，也因此在激烈的饭店竞争中脱颖而出，保持了显著高于行业平均水平的客房出租率和利润率。可以说，经济型饭店的出现是一个超越竞争的成功创举，它不同于星级饭店内部或者降低价格、或者优化服务、或者增值功能的局部调试，而是针对特定顾客价值需求的一次整体调整，因此无论从顾客的差异感知还是其他饭店企业的模仿难度来讲都为经济型饭店的成功创造了可能。

但是，随着经济型饭店本身的不断扩张，经济型饭店依然难逃同类饭店同质竞争的局面。据中国饭店业协会 2008 年发布的经济型饭店行业报告指出，中国经济型饭店的入住率继 2005 年的 89%跌至 2006 年的 82.4%后，又于 2007 年降为 82%；经济型饭店单店年回报率由两年前的 30%～50%下降到 20%～30%。截至 2006 年底，我国饭店业市场上的经济型饭店连锁品牌已达 100 个，但它们所提供产品的质量和服务内容却大同小异，彼此之间没有明显的差异。这种产品的同质化倾向会导致客源极不稳定而且很容易流失，从而成为经济型饭店的致命缺陷。为了抢夺客源，一些经济型饭店又陷入了价格竞争，一些经济型饭店则偏离经济型饭店本质陷入硬件的盲目攀比。可见，经济型饭店不得不在目前的市场基础上寻找新的差异，创造新的顾客价值。

1.1.3 主题饭店的积极发展

在激烈竞争的市场背景之下,作为一种新型的饭店类型,主题饭店近来备受业界关注。进入任何一个中文搜索引擎,以"主题饭店(酒店)"为关键词进行搜索,搜索结果都会显示,主题饭店正在我国积极兴起。笔者通过百度搜索,初步找到了一些在市场上明确宣传自己为主题饭店的饭店(如表 1.3 所示),但是通过艺龙网与携程网上顾客对这些饭店的评论,笔者发现,这些饭店的知名度和好评率并未在饭店业有突出表现。

表 1.3 明确主题饭店定位的饭店

主题	饭店名称
民国文化	北京东方饭店
茶文化	四川雅安市西康大酒店
海文化	威海海悦建国饭店
禅文化	厦门如是酒店
道文化	都江堰鹤翔山庄
乒乓球文化	济南玉泉森信大酒店
清文化	沈阳房地产大厦
世界园艺文化	沈阳天宝国际酒店
草原文化	内蒙古饭店
温泉文化	北京京瑞温泉国际酒店
纳西东巴文化	丽江国际大酒店
赏石文化	南京山水大酒店
芙蓉文化	成都芙蓉丽庭(原新蜀联大酒店)
生态园林文化	广州长隆酒店
威尼斯文化	深圳威尼斯皇冠假日酒店
瑞士文化	深圳茵特拉根华侨城酒店
西班牙风情	深圳华侨城洲际大酒店
三国文化	成都京川宾馆
西藏文化	成都西藏饭店
传统文化	北京寰岛博雅大酒店

资料来源:作者整理。

相反,国外却不乏世界知名的主题饭店,而且这些饭店的业绩都有突出表现。如美国勃鲁斯接待业物业公司在芝加哥的勃鲁斯饭店(Blues Hotel)和美国硬石咖啡国际连锁集团在太平洋巴厘岛上的硬石酒店（Hard Rock Hotel），这两家主题饭店于1998年在市场上闪亮登场。"Blues"最初专指一首著名的美国黑人歌曲，后泛喻爵士乐，"Hard Rock"是指节奏性很强的摇滚乐。据中国饭店业协会的报道[1]，勃鲁斯酒店住房率一直稳定在70%以上，而硬石饭店在亚洲金融危机和印尼社会动乱的背景下开业，面对当地100家五星饭店和200家四星饭店的激烈竞争，却能标出最高房价，宾客盈门。

国内国外主题饭店的反差既反映了我国主题饭店发展滞后于国外的现实，也诱发了学者的思考：到底什么是主题饭店？它较其他饭店的竞争优势在哪里？它能够给顾客带来什么样的优异价值，从而吸引顾客的到来？可遗憾的是，灰色的理论总是滞后于常青的实践，目前对于主题饭店的研究尚停留在经验总结和概念厘清阶段，对实践缺乏有力的指导。

第二节　研究内容与研究意义

1.2.1　研究内容

从目前饭店企业的竞争困境中不难发现，饭店不可能彻底摆脱竞争，饭店需要不断地创造新的顾客价值去驾驭竞争，同质化的顾客价值成为饭店企业陷入竞争困境的根本原因。对于那些擅长模仿的企业来说，盲目地模仿其他饭店产品，会直接将饭店推入竞争困境；对于那些开创型的企业来说，自己为顾客创造的增值价值总是存在因他人的模仿和创新而变得逊色甚至被遗忘的风险。因此，饭店企业要想在竞争中持续占据优势地位，就需要创造差异化的顾客价值，而且不能满足于某种价值要素的低度差异，而需要根据顾客对饭店价值的认知规律创造涉及更多认知环节的高差异度的顾客价值，增加竞争者模仿的难度。

事实上，站在饭店发展最前沿的实践者已经意识到了新的顾客价

---

[1] http://guanli.veryeast.cn/guanli/35/2006-9/1/069122041738006.htm.

值机会,并且开始尝试着去创造新的顾客价值,主题饭店的产生正是基于这样一种创新的市场认知,为那些具有敏锐市场嗅觉的饭店企业家开创了新的竞争战略。然而,遗憾的是,后来的模仿者看到了主题饭店创造的辉煌,却不曾理解这辉煌背后的运作原理;看到了主题的价值,却不知道价值的真正能量。于是,很多"形式化的主题饭店"出现了,一些开展"主题营销"的饭店希望达到主题饭店的效果,结果只能事与愿违。为了帮助更多的饭店企业家明晰这一新兴事物,也为了让这一新兴事物为更多的人科学享用,本书将就主题饭店竞争优势的形成机理进行分析。

1.2.2 研究意义

主题饭店作为一种舶来品,当我们看到它的无限光辉时,应该首先弄清楚它到底是什么。作为一种成功的实践案例,当我们看到一家主题饭店成功的时候,应该首先想到它成功的原理是什么。只有弄清了它是什么,弄清了它何以在激烈的市场竞争中胜出,才有可能在把握精髓之后对它进行复制甚至是发扬。

1.2.2.1 对主题饭店理论研究的意义

作为一个新兴的研究领域,主题饭店的相关研究难免存在很多待完善之处。主题饭店竞争优势形成机理的明晰是主题饭店一切具体管理工作研究不可偏离的核心基础,只有明晰了主题饭店竞争优势的存在条件,主题饭店的其他相关研究才有目标,才会形成推动主题饭店发展的理论聚合力。可遗憾的是,从现有的研究文献来看,对主题饭店的研究都浮于主题饭店竞争优势的形成机理之上,脱开主题饭店的持续发展谈饭店的管理问题,结果主题仅仅沦为一种短暂的竞争工具,而淹没其引领行业的文化能量。因此本研究将以主题饭店产生的原发动力——顾客价值为着手点,集中探讨主题饭店竞争优势的形成机理,希望可以弥补一定的理论研究空隙。

1.2.2.2 对主题饭店实践发展的意义

作为一种新兴的事物,目前业界对主题饭店缺乏统一的认识和准确的把握,尚处于跟风、模仿、摸索的阶段。而学界对主题饭店缺乏科学、系统的研究，对于主题饭店的核心与本质缺乏科学、统一的认识，对主题饭店竞争优势的形成机理缺乏科学的研究，难以给实践以积极、正确的指导。其结果是，在一片感性的推崇声中，主题饭店的发展是盲目的，也是极具风险的。因此，本研究选取主题饭店目前最紧迫的问题，即主题饭店竞争优势的形成机理，对主题饭店进行研究，希望能够帮助饭店企业家对主题饭店获得更加理性和科学的认识，帮助企业家更有效地进行主题饭店的建设，从而使主题饭店这个概念在实业界得到科学的应用和发展。

1.2.2.3　对我国饭店行业发展的意义

我国饭店业起步及发展落后于西方的历史让我国的饭店在发展的过程中更多地处于西方饭店模式的阴影之下，从饭店的设计到标准化配置再到服务理念，我国的饭店总是唯国外成熟的饭店品牌马首是瞻，始终未能形成我国饭店业独特的竞争优势。其结果是，当国际竞争愈来愈激烈的时候，我国的饭店业不得不拿着别人的标准与制定标准的人去竞争，其被动的结果可想而知。于是，我国的饭店精英们就靠本土优势进行协防，可本土优势并不是铜墙铁壁，一旦被破就防不胜防。

主题饭店与传统饭店不同，上面提到的"本土优势"在主题饭店中成为了能够转化为生产力的深厚文化根基，主题饭店能够在提供服务的同时全方位地释放一种先在的社会文化。如果我国的主题饭店能够依托于我国特有的传统文化或现代文化，并将这种文化渗透于主题饭店的建设中，那么，以中国文化为灵魂的饭店品牌将不再是中国饭店业的呼唤，而成为中国饭店业一份实实在在的骄傲。本书希望能为这份骄傲的诞生添砖加瓦。

第三节　研究方法与技术路线

根据研究需要，本书在非实证主义方法论的指导下选取了文献研究法、案例研究法、比较研究法作为主要的研究方法，本节将对这些方法及在本研究中的应用进行详细阐述。

1.3.1 研究方法

1.3.1.1 方法论

科学研究所采用的方法论直接阐明了科学研究过程的逻辑和哲学基础。在社会科学研究中，主要存在着两种基本的方法论倾向：一种是实证主义方法论，一种是非实证主义方法论。实证主义坚持"实证的"精神，要求像研究自然现象那样来研究社会现象，主张对现象的客观观察和经验解释，拒绝通过理性把握感觉材料，排斥先验的或形而上学的思辨。在研究方式上，定量研究是实证主义方法论的典型工具。非实证主义认为，研究社会现象和人们的社会行为时，需要注意社会现象与自然现象之间的差别，要充分审视人的特殊性，发挥研究者在研究过程中的主观性，坚持人文主义理念。在研究方式上，定性研究是非实证主义方法论的典型工具。

本研究的研究对象是主题饭店，是一种新兴的实践产物，缺乏丰富的直接理论基础，现阶段对主题饭店的研究需要研究者对实践现象进行深入挖掘和分析。本研究的研究内容是主题饭店的竞争优势形成机理，涉及主题饭店复杂系统中的多个要素，因此本研究依托于非实证主义方法论，主要采取定性研究的研究方式。

1.3.1.2 具体研究方法

1.3.1.2.1 文献研究法

任何研究都需要基于现有的文献资料，通过对现有文献的整理确立研究的理论基础及其切入点。本书通过对主题饭店、企业竞争优势、顾客价值、饭店顾客价值等相关文献的梳理，既从前辈的研究中找到了理论的根基，激发了研究的灵感，也同时发现了一些历史性的局限，为进一步的突破与创新指明了方向。

这里要特别说明的是，由于国外关于主题饭店的学术研究成果有限，笔者又受研究条件限制难以到实地获得一手资料，因此本书在中外主题饭店对比分析阶段，有关国外主题饭店的研究资料主要来源于网络，为了尽可能保证资料的公信力，笔者主要分析了国外政府官方网站的数据和权威杂志（电子版）的观点。

1.3.1.2.2 案例研究法

案例研究法是通过对案例进行调查、研究、分析、概括、总结而发现新知的过程。从利用案例的数量来看，案例研究可以分为单案例研究和多案例研究；从案例研究的目的来看，案例研究可以分为探索性案例研究、描述性案例研究和解释性案例研究。这两种分类构成了罗伯特（Robert，2004）提出的案例研究 2×3 矩阵，即单案例探索性研究、单案例描述性案例研究、单案例解释性研究、多案例探索性研究、多案例描述性案例研究和多案例解释性研究。"探索性案例研究的目的在于将要研究的问题或假设，或判断预定研究方案的可行性；描述性案例研究在特定情境中展示了对现象的完整描述；解释性案例研究提供因果关系的信息，即解释事情是如何发生的，也就是归因分析"[1]。但同时，罗伯特·K.殷也强调这种根据研究目的进行的分类并不意味着各种研究之间有明确的界限，相反，它们之间有很多重叠、交叉之处。

本研究进行过程中在两个阶段采用了案例研究法，一次采用了多案例研究，以探索为目的，体现在第四章；另一次采用了单案例研究，以解释为目的，体现在第七章。研究者通常是在现有理论解释力不够，或是没有适当理论可以作出解释的情况下进行探索性案例研究的，以通过"透视被研究对象的表面，发现其背后的特征"[2]，提出理论假设。本研究的研究对象为主题饭店，虽然在实践领域已出现了近半个世纪，但是在科学研究领域还是一个较新的事物，尚缺乏系统有效的理论基础，因此，本研究将从实践领域选取多个典型案例进行剖析、归纳以形成理论模型。按照贝内特（Bennett，2003）的解释，解释性案例研究是"用理论变量提供有关特定案例的历史性解释。这种研究的旨趣是要表明，在该案例的特定情况下，结果正是所期待的"[3]。

---

[1] 罗伯特·K.殷著，周海涛译：《案例研究方法的应用》，重庆：重庆大学出版社，2004：14～22。

[2] 李建明：《案例分析方法在管理学研究中的应用》，《上海经济研究》，2004，2:76～79。

[3] Andrew Bennett. Case Study Methods: Design, Use, and Comparative Advantages, in Detlef F. Sprinz and Yael Wolinsky-Nahmias, eds., Models, Numbers, and Cases: Methods for Studying International Relations, Ann Arbor: The University of Michigan Press, 2003: 22.

本研究在对主题饭店竞争优势的形成机理进行系统理论分析之后,依照理论模型对一个主题饭店个案的竞争优势进行了详尽的案例分析。

在案例资料的获取方法方面,一般有访谈法、观察法和企业文档分析法。其中,文档包括企业内部刊物、年度报告、历史总结、项目文档、内部网信息、对外网站资料和媒体报道等。受到研究条件的限制,本研究中拉斯维加斯主题饭店的资料来自拉斯维加斯旅游官方网站、《拉斯维加斯太阳报》和《纽约时报》历年的媒体报道以及谷歌英文搜索引擎搜索到的相关资料。国内主题饭店资料则来自笔者的亲自观察和对相关人员的深度访谈。2009年5月下旬,笔者先后到四川成都的京川宾馆、鹤翔山庄、西藏饭店、芙蓉丽庭四家主题饭店进行了实地调研,对饭店负责人、文化专员进行了深度访谈。

最终,笔者选取鹤翔山庄与西藏饭店作为成都主题饭店的代表,与拉斯维加斯的主题饭店进行比较研究,据此提出主题饭店竞争优势形成的理论模型;同时根据京川宾馆是第一家挂牌主题饭店的特殊身份和笔者获取该饭店全面资料的可行性,选定京川宾馆为本书第七章模型应用的案例。

1.3.1.2.3 比较研究法

比较研究法是对物与物之间和人与人之间的相似性或相异程度的研究与判断的方法。该方法最早可以追溯到古希腊时期《雅典政制》的编制,该书对158个城邦政制宪法进行了比较研究。到19世纪以后,比较研究已经发展成为一种较为成熟的科学研究方法。

本研究对中外主题饭店案例进行了比较研究。拉斯维加斯主题饭店是世界主题饭店的典型代表,成都主题饭店是我国主题饭店发展的典型代表,本书通过对二者的比较来探寻主题饭店竞争优势生成的关键要素和相关关系。

1.3.2 技术路线

本研究的技术路线如图1.3所示。

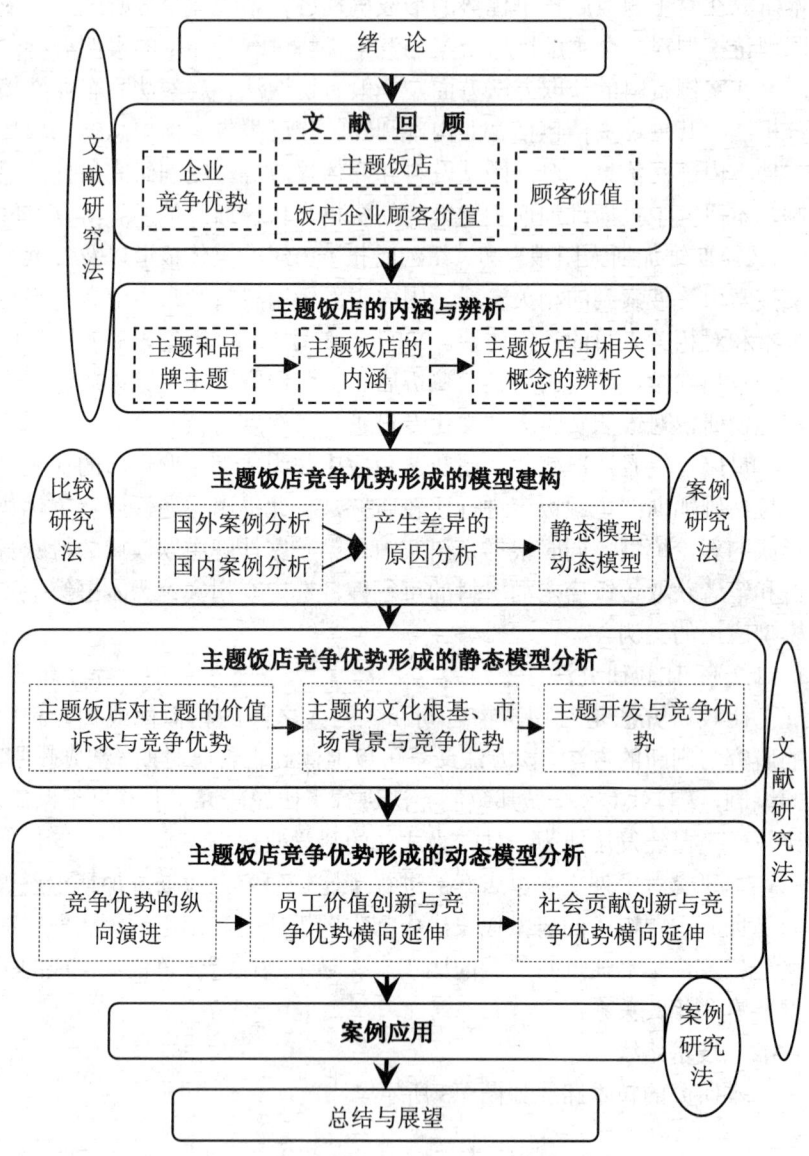

图 1.3 技术路线图

资料来源:作者整理。

第二章 文献综述

本章将对本研究所涉及的相关研究文献进行梳理，为后文的深入研究提供文献支撑和理论准备。

第一节 主题饭店及相关研究

主题饭店（Theme Hotel/Themed Hotel）这一概念被业界公认源于1958年建于美国加利福尼亚的玛丽亚饭店（Madonna Inn）。目前，业界公认的全球主题饭店发展最早、数量最多、规模最大的城市是美国的拉斯维加斯。但是国外对于主题饭店的科学研究非常有限，笔者在已有的英文文献中没有找到对主题饭店的统一认识。

我国主题饭店的实践和相关研究均始于21世纪，可以说主题饭店是我国饭店业中的新兴事物。从已有的研究文献来看，对于主题饭店的研究尚停留在概念厘清阶段，尚未于统一的内涵认识基础之上形成统一的理论根基。

2.1.1 关于主题饭店内涵的认识

2.1.1.1 主题饭店内涵研究

从我国已有的研究来看，学者们对主题饭店的内涵尚无统一的认识，如表2.1所示。不过从主题饭店的定义表述来看，可以从三个方面对已有的认识进行分类。

2.1.1.1.1 关注饭店供给和关注顾客体验

有的学者从饭店产品的供给者出发对主题饭店进行内涵界定。他们认为主题饭店取决于饭店的主题构建（季哲文，2003；秦浩、孟清超，2004；李原，2005；郭雅婷、余炳炎，2005；王奕，2003；欧荔，2003；郭松林，2005；袁世伟，2005）。有的学者则在关注主题构建的同时强调顾客的文化感受，认为只有能够给顾客带来主题文化体验的饭店才是主题饭店（魏小安，2005；董芳，2004；何锋，2004；刘韫，2005；张莞，2006；彭雪莹，2006；陈文娟，2007）。

表2.1 主题饭店的定义

作者	定义
季哲文（2003）	主题饭店是指以一个或多个历史或其他广义文化的主题为标志，向顾客提供酒店产品的场所
秦浩、孟清超（2004）	主题饭店是指在建筑风格、装饰艺术、文化品位、市场定位和服务特色等方面围绕某个特定的主题展开的饭店
董芳（2004）	主题饭店通过赋予饭店以某种主题，围绕既定的主题来营造酒店的经营氛围，体现特定的文化氛围，让顾客获得个性化的文化感受；饭店内的服务也融入该主题，以个性化服务代替刻板化的服务，让顾客在该饭店获得欢乐、知识和刺激
何锋（2004）	主题饭店又称特色饭店，是以某一特定的主题来体现饭店的建筑风格和装饰艺术，以及特定的文化氛围，让顾客获得富有个性的文化感受；同时将服务项目融入主题，以个性化的服务取代一般化的服务，让顾客获得快乐、知识和刺激
郭雅婷、余炳炎（2005）	主题饭店又称文化主题饭店，就是以饭店所在地最有影响力的区域特征、文化特质为素材设计、建造、装饰、经营和提供服务的饭店
袁世伟（2005）	主题饭店是通过一系列围绕着一个或多个主题为吸引标志，向消费者提供能够满足其需要、需求与期望的体验场所
魏小安（2005）	主题饭店，顾名思义，就是主题与饭店二者的结合，以文化为主题，以饭店为载体，以客人的体验为本质，上述几点加在一起就构成了主题饭店的基本定义
刘韫（2005）	主题饭店是通过一系列围绕一个或多个历史或其他的主题的吸引标志，向顾客提供住宿、餐饮、娱乐活动等所需的基本场所；它围绕既定的主题来营造饭店的经营氛围，体现特定的文化氛围，提供主题化的服务，让顾客获得个性化的文化感受
郭松林（2005）	主题酒店是通过文化融合的方式，以创造一个或多个文化主题为标志，并围绕主题来营造管理氛围，提供特殊的住宿和餐饮等服务的综合体

续表

作者	定义
李原 (2005)	主题饭店是指以饭店所在地最有影响力的地域特征、文化特质为素材,来设计、建造、装饰、生产和提供服务的饭店
彭雪莹 (2006)	饭店围绕某一主题素材,通过主题概念的引入、主题环境与氛围的营造、主题设施与产品的设计以及主题活动与服务的提供等为顾客提供有价值、难忘的住宿体验
张莞 (2006)	主题饭店是指饭店在建筑、装饰、环境营造和服务经营等方面围绕某个特定主题展开,对外传播一种统一的文化理念,展现出一种统一的文化形象。主题饭店以此主题营造出特定的文化氛围来吸引顾客,使顾客在获得服务的同时能得到一种精神体验
陈文娟 (2007)	主题饭店是指以某一素材(历史、城市、故事等)为主题,饭店从硬件(建筑、设施、设备等有形方面)到软件(氛围的营造、服务等无形方面)都围绕主题展开,带给顾客有价值的、难忘的体验的饭店

资料来源:作者整理。

2.1.1.1.2 一个主题和多个主题

有的学者认为主题饭店可以围绕一个或多个主题进行构建(季哲文,2003;郭松林,2005;袁世伟,2005;刘韫,2005),而大部分学者则认为主题饭店应该围绕某个特定主题构建。

2.1.1.1.3 主题来源

郭雅婷、余炳炎(2005),李原(2005)三位学者将主题饭店的主题限定于当地特定时空的文化。其他学者则认为,主题的素材不限于当地文化,而是来源于更广义的文化,包括地域文化、历史文化、时代文化等。正如魏小安(2005)所言:主题饭店以文化为主题;从一些学者对顾客体验的认知来看,主题饭店给顾客提供的是特定的文化氛围,带去的是特定的文化感受和文化体验。欧荔(2003),秦浩、孟清超(2004),何锋(2004),袁世伟(2005)等学者提出文化性是主题饭店的重要特征,陈跃威(2004)、徐菊凤(2005)、郭松林(2005)甚至强调文化性是主题饭店的本质。

2.1.1.2 主题饭店内涵的实践认识

与主题饭店的学术研究相比,主题饭店在业界更为活跃。基于实用主义的价值取向,业界很少去探讨主题饭店的准确内涵,而往往是基于主题营销的营销思路提出主题饭店。但遗憾的是,主题营销并非一个学术概念,作者以"主题营销"为关键词在百度上搜索到了它的概念,但其科学性则有待于进一步探讨。"主题营销是指通过有意识地发掘、利用或创造某种特定主题来实现企业经营目标的一种营销方式。它在原本单纯、枯燥的销售活动中注入一种思想和理念使营销活动由死板的钱与物的交换变为情感的交流,让销售也具有灵魂。这样顾客在购买和使用商品过程中会得到精神享受和欲望满足,产生一种心理共鸣。将原本单纯的商品赋予某种主题,可以更好地挖掘商品的卖点,使销售活动更人性化,从而激发顾客的购买欲望"。[1]

2.1.2 主题饭店内涵的研究评析

从上述对主题饭店内涵的回顾来看,关于主题饭店的内涵存在以下几个亟待解决的问题。

2.1.2.1 主题饭店的"主题"内涵不清

郭雅婷、余炳炎(2005),李原(2005)三位学者将主题饭店的主题来源限定于当地的特定历史文化,虽然在一定程度上狭隘了主题饭店的内涵,但是就其概念本身却突出了主题饭店的文化鲜明性,使主题饭店与其他饭店得以明确区分。相反,单纯强调主题饭店文化性的概念却是模糊了主题饭店的外延。因为饭店本身就是一个文化产物,具有文化属性。而"每一种文化都有把文化的不同要素结合起来的凝聚性",这种凝聚性"使文化成为富有生气和有机的整体,而不是离散或无序部分的聚集,这种凝聚性通常被称为"中心组织原理",或"主宰技术",或"统一主题"[2]。因此,文化的这一固有属性使"主题"

---

[1] http://baike.baidu.com/view/1043016.htm.
[2] 保罗·谢弗著,许春山译:《文化引导未来》,北京:社会文献出版社,2008,4:90.

成为文化的内在产物,也使得每一个饭店都内在地具有了一种文化主题。只不过这个文化主题不同于主题饭店的文化主题。可见,为了更准确地诠释主题饭店的内涵,必须对泛化的文化进行鲜明的阐释。

2.1.2.2 主题饭店的顾客价值不明晰

很多学者在主题饭店定义中都突出了主题饭店对顾客体验的影响,但是并未能突出主题饭店与其他非主题饭店的区别,表述较为宽泛,如"快乐、知识、刺激"、"精神体验"、"有价值的、难忘的体验"、"个性化的文化感受"等,难以表现主题饭店的特点。

2.1.2.3 主题饭店与相关概念的辨析不够

作为一种新型的饭店形态,主题饭店的内涵要能够厘清其与其他相关概念的区别。但是从现有的主题饭店定义来看,尚存在一些界限模糊的相关概念。

2.1.2.3.1 主题饭店与特色饭店

虽然从前面的研究回顾来看,只有何锋(2004)明确将主题饭店等同于特色饭店,但是他的观点也从一个侧面反映了一部分人的认识。李原(2005)则认为主题饭店是特色饭店。二者共同的特征是鲜明的文化特色、张扬的个性特征、高质量的消费对象,但是特色饭店不都是主题饭店。特色饭店包括主题饭店、设计饭店、生活方式饭店、精品饭店、联合品牌饭店和优质服务饭店等多种类型。而且主题饭店具有地域性,饭店的主题只能与所在地地域特征相联系,特色饭店的文化取材却可包罗万象。但是李原对特色饭店的这一认识则又与其他学者对于主题饭店的认识相一致。可见,主题饭店与特色饭店的内涵有待进一步辨析。

2.1.2.3.2 主题饭店与精品饭店

自20世纪80年代始,西方开始出现一种新的饭店形态,被西方人称为"boutique hotel",一般翻译为"精品饭店"。目前对于"boutique hotel"还没有一个权威的定义,但是实业界对于这种饭店的要素已有一些共识。美国精品饭店的管理泰斗依艾恩·希拉格指出:"精品饭店"仅指那种具有一个鲜明的与众不同的文化理念内涵的酒店。被誉为"冰岛第一精品饭店"的101饭店(101 Hotel)总经理 Kobrun

Vidisdottir 认为精品饭店有四个要素：规模、氛围、服务和主题。国际著名订房中心 UTELL 将精品饭店的要素归纳为：规模、服务和个性三个方面。从以上对精品饭店的概念认识中，我们不难发现精品饭店与主题饭店的紧密联系，这就需要研究者于不同的实践表象背后挖掘这两种饭店的深层内涵，进行本质辨析。

2.1.3　品牌建设和企业文化建设理论基础

从前文的论述不难看出，主题饭店的文化性已被研究者广泛认可，但同时由于"主题"内涵不清，已经出现了文化泛化现象，这就使主题饭店的内涵与已经较为成熟的且与文化直接相关的品牌研究以及企业文化研究之间产生了不可回避的联系。因此，在对主题饭店的内涵进一步分析之前，要首先就品牌和企业文化的相关研究作一个理论铺垫。

2.1.3.1　企业文化的概念

虽然企业文化直到 20 世纪晚期才被研究者关注，但现在的理论界和实业界都非常推崇企业文化理论和企业文化建设。但是，对于企业文化的概念目前还没有形成统一的认识。

道本管理创始人齐善鸿教授在《道本管理：企业文化纲领》一书中通过对传统企业文化定义的深入剖析，从人性、心理及精神发生作用的机制方面就企业文化提出了全新的定义，在该研究领域产生了重要影响："企业文化是指企业里人们在实践中建设、共享、促进企业与人共同发展的一种文明精神准则，体现为集体价值观、思维方法和行为模式的互动；是基于企业历史优秀经验的提炼，结合他人或者其他组织的优秀之处，以先进理论为指导，以对人们的现实行为规范和未来引导为目标，在充分尊重人性规律的基础上，以激活每个人内心善的动力为手段，从而塑造出健全的集体人格，实现通过人的发展促进企业发展的基本目标。"[1] 可见，从静态来讲，企业文化是从企业所有成员的语言、行为中所表现出来的共有的精神和价值观；从动态来

---

[1] 齐善鸿等,《道本管理：中国企业文化纲领》，北京：中国经济出版社, 2007, 1:190。

讲，企业文化是一种内部管理模式，是企业用一种共同认可的精神文明准则去引导、凝聚、激励和约束全体成员的过程。

2.1.3.2 品牌的概念

"品牌"是个外来语，源于古挪威语的"brandr"，原意是"打上烙印"。今天使用的单词"brand"在《英汉大辞典》里有两个意思，一个意思是"商标或商品的牌子"，一个意思是"牲畜、奴隶身上标明所属的烙印"。随着品牌研究在科学领域的不断发展，人们对品牌的认识不断深入，虽尚未达成共识，但正在形成一些为多数学者所认可的趋势。

2.1.3.2.1 从品牌标识到品牌本体

源于"品牌"的本义，一些学者认为品牌就是产品识别的符号或标记。以美国市场营销协会（AMA，1960）的定义为代表，品牌被定义为"用以识别一个或一群产品或劳务的名称、术语、象征、记号或设计及其组合，用以和其他竞争者的产品或劳务相区别"[1]。

国际品牌公司1997年首次提出品牌本体（Brand Identity）概念，该公司认为本体是关于精神风貌、目标和价值观的，它们表现了区分出品牌独特性的感觉。卡普费雷尔（Kapferer，1997）也在同年提出了品牌本体的概念，他认为，作为一个有结构的整体，品牌应同时包含几个组成部分，而且进一步发展了六棱柱本体模型，该模型将品牌分为外形、个性、文化、关系、反映、自我形象等六个方面。

国内学者王新新（2004）将品牌内涵由标识认知向本体认知的转变归因为市场竞争由低层次向高层次竞争的升级以及人所追求的价值由物质向精神的提升，他认为"在当代社会，品牌不再仅仅是产品的标识，它有自己独立内容，是某种文化意义的符号"[2]。正如戴维森（Davidson，1997）提出的"品牌冰山理论"，他把品牌形象地比作一座冰山，冰山15%的部分露出了水面，85%的部分位于水下，水面上

---

[1] A brand is a "name, term, sign, symbol, or design, or a combination of them intended to identity the goods or services of one seller or a group of sellers and to differentiate them from those of competitors".

[2] 王新新：《品牌本体论》，《企业研究》，2004，8:25~27。

15%的部分是人们通常看到的可见部分,如标识和名称等,水下 85%的部分包括组织内部不可见的因素,如价值观、智慧和文化等。这些不可见的部分支持着品牌的可见部分,从而确保品牌的完整实体。此外,菲利浦·科特勒也认为,"品牌的要点是销售者向购买者长期提供的一组特定的特点、利益和服务。最好的品牌传达了质量的保证。然而,品牌还是一个更为复杂的符号。一个品牌能表达六层意思:属性、利益、价值、文化、个性和使用者,一个品牌最持久的含义应是它的价值、文化和个性。它们确定了品牌的基础"[1]。

2.1.3.2.2 从企业中心到消费者中心

列维(Levy,1978)教授强调,品牌是存在于人们心智中的图像和概念的群集,因此,对于消费者来说,品牌主题是消费者将自己所体验的企业或企业产品的信息与自己的经验、知识相互结合,通过推理在自己心里建立的企业或产品的表征。我国学者卢泰宏教授也认为,"在对品牌概念的认识上,普遍存在着一种误区,即把品牌看成是企业自己的东西,一种商标权,一种与竞争者相区别的标识。因此,它们往往高高在上,单方面地创立名牌,而忽略消费者在其中的地位"。事实上,国际现代品牌理论认为,"品牌不只是一个名称、一种标志或一种象征,而是消费者心目中的一组无形资产。品牌是一个以消费者为中心的概念。品牌不再存在于工厂甚至营销部门,而是存在于消费者心目之中"[2]。

2.1.3.3 企业品牌和企业文化的关系

根据品牌的本体论观点,企业品牌不仅代表着产品的质量、企业的技术和信誉,而且还包含着企业的核心价值理念,也就是企业文化。对内,企业文化是企业内部管理的价值准则;对外,企业文化是品牌的内在灵魂。企业文化既渗透在企业的方方面面,又集中凝结在企业的品牌中。因此,企业品牌建设与企业文化建设不可割裂,没有企业文化建设的品牌建设就是在创造一个没有生命的符号,而没有品牌建

---

[1] 科特勒、凯勒著,梅清豪译:《营销管理》,上海:上海人民出版社,2006:51~52。
[2] 卢泰宏、邝丹妮:《整体品牌设计》,广州:广东人民出版社,1998:22~24。

设的企业文化建设则难以将企业的价值理念转化成市场认可的无价财富。

第二节 企业竞争优势相关研究

企业持续卓越的绩效就来自企业持续的竞争优势（Barney，1997；Grant，1998），企业如何获取并保持竞争优势（Teece，Pisano，Shuen，1997）已经成为战略管理研究中的核心问题。

2.2.1 企业竞争优势的概念

"竞争优势"这一概念最早由英国经济学家张伯伦（Chamberlin，1939）在其著作《垄断竞争理论》中提出，之后由霍夫和申德尔（Hofer，Schendel，1978）引入战略管理领域。虽然企业竞争优势理论受到了研究者的广泛关注，并业已形成一定体系，但就企业竞争优势概念本身则由于研究者的角度不同而尚未获得统一认识。表 2.2 中列出了一些概念，根据概念的关键词，基本可以归纳为三类概念：一类是从企业竞争优势的最终价值来讲，强调它给企业带来的绩效回报；一类是从企业竞争优势的具体表现来讲，强调它在顾客市场、要素市场，进而在整个行业竞争中的优越地位；一类是从企业竞争优势的产生出发，强调它是企业的一种能力，这种能力能够使企业在市场竞争中处于优势地位，并最终获得高的绩效回报。可见，研究者对于企业竞争优势概念的认识并没有本质冲突，只是表述的角度不同。无论是何种理解，大部分学者在对企业竞争优势进行实证研究时，都用企业绩效指标来表征企业竞争优势；在谈到企业竞争优势的创造和培育时，又都离不开企业的竞争能力和具体的优势表现。

表 2.2　企业竞争优势概念

研究者	企业竞争优势概念	概念关键词
梅森等人	企业竞争优势等同于企业绩效	绩效
波特	企业竞争优势是竞争性市场中企业绩效的核心	
王素君	企业竞争优势可理解为企业在市场竞争中,在市场份额、利润或增长率等方面超越竞争对手,处于相对有利的地位	
霍夫和申德尔	组织通过资源的调配而获得的相对于其竞争对手的独特性市场位势	地位
班伯格	竞争优势是指企业在产业与市场上所发展出的独特优越地位,其中包括:低成本与价格、较佳服务、快速运送、良好形象等	
周晓东等	企业在一定的时空范围内相对于竞争对手在一个竞争要素或多个竞争要素方面的领先态势,是关于时间空间、环境及资源能力的动态非线性函数	
黄宽勇	将企业的竞争优势视为企业依靠自身独特的技术、产品和服务,在与同行业企业的竞争中所表现出来的,相对于竞争对手的一种优势。依赖这种优势,企业可以获得超过本行业正常收益率的回报	能力
戴维·贝赞可	厂商在行业中业绩出众的能力,即赚取比同行更高利润率的能力	
罗伯特·格兰特	当两个或更多的企业在同一市场上竞争时,如果其中一个企业能够持续地获得高于竞争对手的利润率或具有这种潜能,那么这个企业就拥有了竞争优势。很明显,竞争优势就是企业在基本经营目标——盈利水平方面具有超越竞争对手的能力	
希尔和琼斯	一个企业利润高于产业中其他企业,优于其他竞争者的能力	
邹国庆	企业竞争优势是指一个企业在某个时点上为顾客创造价值(产品或服务)方面所表现出来的超越或胜过其他竞争对手,并且能够创造超额利润或高于所在产业平均盈利率水平的能力及潜在能力	
贺小刚	基于日本学者大前研一关于企业战略就是以最有效的方式努力提高公司相对于它的竞争对手的实力的观点,提出企业竞争优势实质上是一种比对手强的相对实力,其直接表现就是能够使企业获取超出行业平均水平的利润,也就是说,比竞争对手具有更强的盈利能力	

资料来源:作者整理。

2.2.2 企业竞争优势的来源

纵观企业竞争优势理论研究的发展脉络,根据企业竞争优势的来源,大致可以分为三大类别,涉及四大学派,分别是:企业竞争优势外生论(结构学派)、企业竞争优势内生论(资源学派和能力学派)和企业竞争优势整合论(动态能力理论学派)。

2.2.2.1 企业竞争优势外生论

企业竞争优势外生论强调企业竞争优势由企业外部的某些因素决定,其中具有代表性的观点是产业组织理论和波特的"市场定位"理论。哈佛大学的梅森(E.S. Mason)和贝恩(J.S. Bain)等人提出现代产业组织理论的三个基本范畴:市场结构(Structure)—市场行为(Conduct)—市场绩效(Performance),即所谓的 S-C-P 范式,强调市场结构对市场行为、市场行为对市场绩效的决定性作用。此处的市场绩效实质上与竞争优势是一个概念,企业竞争优势是由其所处的产业结构决定的,并且产业内企业的资源和机会是相同的,企业间的竞争趋于一致化,因此企业间的绩效差异是短暂的,竞争优势是难以持续的。

波特在其著作《竞争优势》中明确写道"竞争优势是竞争性市场中企业绩效的核心",他的市场定位理论进一步发展了企业竞争优势外生论,认为企业竞争优势的来源包括产业吸引力、企业在该产业中的相对地位、企业所处的地域或企业集群。波特后来引入了企业价值链概念,将企业的运营过程分解成许多具有战略相关性的价值活动,认为企业竞争优势来源于企业能够以更加低廉或独特的方式对这些价值活动进行组织。而且,波特提出企业获得竞争优势的两种基本形式:成本领先和差异化。

2.2.2.2 企业竞争优势内生论

2.2.2.2.1 资源基础论

20 世纪 80 年代中期,伯格·沃纳菲尔特(Birger Wernerfert, 1984)在艾迪斯·潘罗斯(Edith Penrose, 1959)倡导的企业内在成长论的基础上提出了资源基础学说。此后,巴尼(Jay B. Barney, 1991)对企业资源与持续竞争优势进行了研究,柯利斯和蒙哥马利(David J.

Collies，Cynthia A. Montgomery，1995）提出了基于资源竞争的理论，库勒（Kathleen R. Conner）、皮特瑞夫（Margaret A. Peteraf）等人也在各自的研究中对资源基础学说作出了肯定的评价。资源基础学派认为，企业的竞争优势来源于企业所拥有的资源，尤其是一些异质性资源。在他们看来，企业是"资源的独特集合体"，企业的长期竞争优势就来自企业所拥有或控制的有价值的、稀缺的、难以模仿的、难以交易的专有资源和战略资产（Penrose，1959；Wernerfelt，1984；Barney，1991），包括企业声誉、品牌、员工知识、社会资本、专有技术等。

2.2.2.2.2 能力基础论

以普拉哈拉德（C.K. Prahalad）和哈梅尔（Gary Hamel）为代表的能力学派认为企业的竞争优势来源于自身所具有的核心能力，企业之间核心能力的差异造成了效率和收益的差异（Prahalad，Hamel，1990）。核心能力有三个主要的特征：核心能力具有充分的用户价值，可以创造价值降低成本；核心能力具备独特性，难以被竞争对手所模仿；核心能力具备一定的延展性，能为企业通向多个市场提供支持。

2.2.2.3 企业竞争优势整合论

1992年，蒂斯（David J. Teece）、皮萨诺（G. Pisano）、谢恩（A. Shuen）等人借助熊彼特（Schum Peter）的创新经济学及尼尔森（Nelson）和维特（Winter）的演化经济学相关理论，提出了动态能力的观点，认为企业的竞争优势来源于企业自身卓越的管理与组织过程、特定资产构成的位势及企业演化的路径依赖性。动态能力理论强调了两个方面：第一，"动态"是指为适应不断变化的环境，企业必须不断更新自身竞争能力；第二，"能力"在企业通过整合、重构内外部组织技能、资源以满足环境变化的过程中具有关键性。可见，动态能力论是兼顾企业内部与外部来考察企业竞争优势的，而且还强调，企业不但可以利用动态能力理论准确地制定发展战略、发挥与维持企业的竞争优势，而且企业可以通过学习获取和使用外部能力来更好地保持企业竞争优势对市场环境的敏感性。

2.2.3 企业竞争优势与顾客价值创新

2.2.3.1 顾客价值创新是企业竞争优势的直接来源

从企业竞争优势理论的发展过程和发展趋向可以看出,企业竞争优势绝非独立地来源于企业内部或外部,而是来自企业资源与外部动态的市场、动态的竞争者之间的持续的良性互动,既要有能够于不断变化的市场环境中找准适合于企业资源的定位的能力,又要有能够把这个定位变成优势地位的能力。而这一切的能力映射到动态变化的顾客身上,就是能够为顾客创造不同于竞争者的价值,也就是说,企业一切资源和能力只有回归到企业成长的本源——顾客价值创新上才可能成就企业的竞争优势。管理大师彼得·德鲁克(Peter Drucker,1954)最先把顾客价值纳入到公司战略中来。他在描述企业的定义时说,企业的宗旨是存在于企业本身之外的,企业的宗旨只有一个定义,就是"创造顾客"。这就是说,"企业的目标在于以消费者为核心进行价值创新,开发并满足顾客真正的需求,为顾客创造价值,这样才能形成市场,进而才能形成利润"[1]。奥梅伊(Ohmae,1988)强调,战略的本质在于满足顾客的真实需求,为顾客创造价值,而非在产品市场上战胜对手。芮明杰(2004)提出,企业竞争优势归根结底取决于企业相对于竞争对手为顾客创造价值的大小。

同时,多尔利和多诺万(Doorley,John M.Donovan,1999)的研究表明,高成长企业对顾客的回报相当于低成长企业的5倍,高成长企业为顾客推出的新产品和服务相当于正常水平的约2倍。可见,成功的公司关注的是顾客的价值。欧洲著名大学 INSEAD 对风险投资进行的一项调查发现,在新的商业风险中,有86%建立在竞争的基础上,只有14%建立在顾客基础上,然而建立在顾客基础上的商业风险在商业总收入中所占比例为38%,在总利润中所占比例为61%。也就是说,以顾客为导向、以价值为基础的风险投资的业绩,远远超过以模仿为

---

[1] 芮明杰、李想:《差异化、成本领先和价值创新——企业竞争优势的一个经济学解释》,《财经问题研究》,2007,1:37~44。

基础、以竞争为导向的风险投资。

而且，从消费需求的发展来看，消费者越来越看重消费体验所带来的感觉，而非消费品本身。早在20世纪70年代，美国未来学家托夫勒就在其著作《未来的冲击》中提出了"服务业最终会超过制造业，体验生产又会超过服务业"的观点。他同时预言："农业经济、工业经济、服务经济的下一步是走向体验经济"。菲拉特和朵拉奇恩（Firat, Dholakian, 1998）认为："对于后现代社会中的消费者来说，消费不仅是消耗、破坏与使用物品的过程，经济活动循环的终点，还是产生消费体验与自我想象的过程……提高生活质量的方法是通过人的感官，让多层次体验理性地被情感感知。消费事实上变成创造消费者愿意浸入的多重体验过程。"[1]美国战略地平线顾问公司的创始人派恩二世和吉尔摩（Pine II, Gilmore, 1998）在《体验经济》中提出了"产品—商品—服务—体验"的价值递进说，同样强调了体验的时代意义和前瞻价值。从消费者来讲，体验是消费者对客体的一种主观反应，这一主观反应会受到消费者自身主观要素的影响（如消费者的价值观、偏好、感情、过往体验等），而且这一主观反应不光指向于客体的物质功能，而且还指向客体给顾客带来的精神满足。可见，顾客完全根据自己的价值判断来决定其货币投向，企业无法为顾客创造令其欣喜的价值，也就无任何竞争优势可言。

顾客满意曾经是企业追逐的目标，因为企业相信顾客满意可以直接影响顾客的行为，但是市场的激烈竞争给顾客带来多元的选择，顾客不再仅限于选择一个让人满意的商品或服务，而要选择一个给自己带来最大价值的商品或服务。因此，企业竞争力取决于顾客对企业产品或服务价值的认可程度，顾客价值决定了企业的竞争优势。[2]如果企业能比竞争对手为顾客提供更高的感知价值，就能使顾客满意和忠诚，进而使顾客持续购买，增加关联销售，并形成推荐效应，最终实

---

[1] Firat, Dholakian. Consuming people: from political economy to theaters of consumption. London: Sage, 1998: 542.

[2] 范秀成、罗海成：《基于顾客感知价值的服务企业竞争力探析》，《南开管理评论》，2003, 6:41～45。

现顾客少流失、企业高收入和管理低成本的效果。[1]

2.2.3.2 基于顾客价值创新的竞争战略

W. 钱·金（W. Chan Kim）和勒妮·莫博涅（Renée Mauborgne）于 20 世纪 90 年代末提出了基于顾客的价值创新观。他们指出，顾客价值创新就是基于顾客需求，通过为现有市场提供完全新型且优越的顾客价值，或使顾客价值得到重大改进而使公司的产品或服务与竞争者的产品或服务无关，给予顾客心理上强烈的富有活力的感觉。他们于 2005 年提出蓝海战略，在研究 1880 年~2000 年 30 多个产业 150 次战略行动的基础上，指出价值创新（Value Innovation）是蓝海战略的基石。当一个企业的行动对自身的成本结构和买方的价值主张都产生积极影响时，价值创新就在这个交汇区域得以实现。企业通过剔除和减少产业竞争所比拼的元素节省了成本，又通过增加和创造产业未曾提供的元素提升了买方的价值。随着时间的延续，优越的价值带来高销售额，成就规模经济，从而使成本进一步降低。可见，从顾客价值感知的角度来讲，蓝海战略最终要通过同时为顾客带来利得和利失的变化增加顾客价值。

传统的竞争战略思维关注竞争对手的变化，竞争战略着眼于研究如何战胜竞争对手。蓝海战略则认为，聚焦于红海等于接受了商战的限制性因素，即在有限的土地上求胜，却否认了商业世界开创新市场的可能。运用蓝海战略，视线将超越竞争对手移向买方需求，跨越现有竞争边界，将不同市场的买方价值元素筛选并重新排序，从给定结构下的定位选择向改变市场结构本身转变，从而拓宽了价值创新的空间。

蓝海战略对顾客需求的识别不局限于产业界限和习惯思维，强调要跳出常规的对产业界限的认知、对市场界限的认知、对市场需求的认知，去挖掘潜在的未被识别的需求，从而创造不同于竞争者的市场价值。可见，蓝海战略为我们提供了一种很重要的创造竞争优势的思

---

[1] Reichheld F. and Sasser Jr. W. E. Zero defection: quality comes to services. Harvard Business Review, 1990: 9-10, 105-111.

维启示，就是要能够跳出产品功能界限回归顾客本身，探求顾客作为人的各种价值需求及其变化趋势。同时，也给予一种暗示，企业只有通过资源整合培育出创新顾客价值的能力，才能获得持久的竞争优势。

第三节 顾客价值的相关研究

2.3.1 顾客价值的概念研究及评析

由于与消费相联系，几十年来价值一直都是学者们感兴趣的话题。实际上，在价值论研究领域，已有众多先贤从社会、心理、经济甚至精神的角度对价值作了大量研究，并下了定论。价值基于众多纷繁的不同标准，但最终归因于一个简单的事实，即价值是由消费者来决定的，价值存在于所有者眼中，这是解开价值之谜的关键（特里·A. 布里顿、戴安娜·拉萨利，2003）。早在1954年，彼得·德鲁克（Drucker）就指出，顾客购买和消费的绝不是产品，而是价值。

泽瑟摩尔（Zaithaml，1988）在一项探索性研究中根据顾客调查总结出感知价值的四种含义：(1) 价值就是低廉的价格。一些顾客将价值等同于低廉的价格表明在其价值感受中所要付出的货币是最为重要的。(2) 价值就是我在产品或服务中所需要的东西。与关注付出的金钱不同，一些顾客将把从服务或产品中所得到的利益看作最重要的价值因素。在这个价值定义中价格的重要性远远低于能满足顾客需要的质量或特色。例如，电话通讯商业顾客特别强调系统的可靠性，而且非常愿意为电话线的安全性和保密性去花钱。(3) 价值就是我的付出所能获得的质量。有顾客将价值看作其付出的金钱和所获得服务间的权衡。在这个定义中价格优先于质量。(4) 价值就是我的全部付出所能得到的全部。一些顾客描述价值时考虑的既有其所有付出的因素（金钱、时间、努力），还有其得到的所有利益。泽瑟摩尔（Zaithaml，2001）将这四种表达集成为一个总体的定义："感受价值是顾客基于其所得和付出而对产品或服务效用的总体评价。虽然所得因顾客而异（如有的可能要数量，另一些要高质量，还有的要便利），付出也有所不同

(如一些顾客只关心所付出的金钱,一些则关心所付出的时间和努力),价值则表示从产品或服务中所获利益与购买拥有或使用时所付出代价的权衡。顾客会根据感受价值作出购买决定,并不是单单只想降低价格。"

霍尔布鲁克(Holbrook,1996)认为顾客体验价值与消费价值无明显的区分,将二者统称为"顾客价值"。霍尔布鲁克定义顾客价值为"互动的、相对的、偏好的体验"。"互动的"指体验价值的产生是顾客和产品之间互动的结果;"相对的"指顾客价值是可以比较的,表现个性化需要,这种喜好有时与消费的情境有关;"偏好的"是指顾客在产品价值判断上的偏好性。

拉瓦德和格朗鲁斯(Ravald,Gronroos,1996)认为,"价值过程是关系营销的起点和终点,关系营销应该为顾客和其他各方创造出比单纯交易营销更大的价值"。关系范畴中的顾客感知价值可以表述为下面两个公式:

顾客感知价值(CPV)=(核心产品+附加服务)/(价格+关系成本)

顾客感知价值(CPV)= 核心价值 ± 附加价值

伍德鲁夫(Woodruff,1997)将顾客价值定义为"顾客在一定的使用情境中对产品属性、产品功效以及使用效果达成(或阻碍)其目的和意图的感知的偏好和评价"。

科特勒(2001)认为顾客价值是顾客让渡价值,指顾客总价值与顾客总成本之差。顾客总价值就是顾客从某特定产品或服务中获得的一系列利益,它包括产品价值、服务价值、人员价值和形象价值等。顾客总成本是指顾客为了购买一件产品或服务所耗费的时间、精神、体力以及所支付的货币资金等。

此外,还有一些学者也对顾客价值的概念内涵进行了研究,虽然目前学者们对于顾客价值的看法不尽相同,但总体来说,都是从顾客角度探讨顾客价值,也就是顾客的感知价值,而且都是通过对比顾客的感知利得和感知利失来权衡感知价值(徐虹,2004)。只是由于学者们对顾客价值的研究角度和深入程度不同,学者们对于利得与利失的组成要素有不同观点，也正因为此，顾客价值的构成得以不断丰富。泽瑟摩尔（Zaithaml，2001）强调顾客的理性价值，即顾客从产品或服务的效用中所获得的价值。霍尔布鲁克（Holbrook，1996）则强调顾客的体验价值，认为顾客在消费体验中所收获的价值都是顾客价值，不仅有理性的功能效用价值，还有情感价值。拉瓦德和格朗鲁斯（Ravald，Gronroos，1996）强调感知价值是顾客关系中的感知价值，除单个服务情景中的情景价值外，还应包括关系价值。伍德鲁夫（Woodruff，1997）强调对产品属性、产品功效和使用效果三个层次的感知价值。这些概念认知对于顾客价值构成的认知产生直接影响。

2.3.2 顾客价值构成研究及其评析

2.3.2.1 顾客价值构成研究回顾

谢思等学者（Sheth et al.，1991）在探讨消费决策价值因素时，提出影响顾客选择的五种顾客价值：功能性价值、社会性价值、情绪性价值、知识性价值和条件性价值。功能性价值是顾客通过对产品所提供的功能性、实用性或物理属性的拥有而获得的价值。社会性价值是指顾客在消费中通过选择一个或多个社会群体集群而获得的关系价值。情绪性价值是指顾客在消费过程中所引起的感觉或情感状态而带来的价值。知识性价值是指顾客在消费中所引起的好奇、新鲜和满足其求知欲而获得的价值。条件性价值指因顾客在特定情境或环境下的选择结果而获得的价值。

鲁伊特（Ruyter，1996）综合考量了顾客在认知和情绪两方面的价值，认为顾客价值包括外部价值、内部价值和系统价值三部分。外部价值是消费者对服务事件与服务过程在功能与实用性上的认知，重点在于消费者是否得到想要的结果。内部价值指消费者对服务事件与服务过程的情感性评价，并不考虑结果，而是在服务接触过程中所感受到的价值。系统价值则是指消费者对收益与牺牲之间差异的认知。

霍尔布鲁克（Holbrook，1999）将顾客价值分为三大类：外在价值对比内在价值（Extrinsic versus Intrinsic Value）、自我导向价值对比他人导向价值（Self-oriented versus Other-oriented Value）、主动的价值

对比被动的价值（Active versus Reactive Value）。三个二维细分变量将顾客价值分为八大类，分别是效率、卓越、地位、尊敬、游乐、美感、伦理与心灵（见表 2.3）。

表 2.3 霍尔布鲁克的顾客价值分类表

		外在价值	内在价值
自我导向	主动	效率（投入/产出、便利性）	游乐（乐趣）
自我导向	被动	卓越（品质）	美感（优美）
他人导向	主动	地位（成功、印象管理）	伦理（美德、正义、道德）
他人导向	被动	尊敬（名誉、现实主义、拥有）	心灵（忠诚、着迷、神圣、魔力）

资料来源：Morris B. Holbrook. Customer value: a framework for analysis and research. Advance in Consumers Research, 1996, (23): 138-142。

基于霍尔布鲁克（Holbook，1999）的分类，曼斯维柯等学者（Mathwick et al., 2001）根据内在价值和外在价值、主动价值与被动价值两个二维细分变量将体验价值分为消费者投资报酬、服务的优势性、趣味性、美感四种顾客价值类型（见表 2.4）。消费者投资报酬率是指财务暂时性投资及心理资源投入所产生的报酬。服务优越性是指消费者自我外在被动反应的价值，对优质市场服务能力的反应。奥立弗（Oliver，1999）认为服务的优越性来自臻于完美、标准化的服务品质，来自一般的消费者可察觉的优良服务。美感是消费者对消费产生的心理反应。趣味性是指企业通过设计引人入胜的消费体验活动，产生趣味性的交易，激起顾客内在追求娱乐的需求，让消费者能产生规避现实的感受。

表 2.4 曼斯维柯等学者的顾客价值分类表

	主动	被动
内在价值	趣味性价值	美感价值
外在价值	投资报酬价值	服务优越性价值

资料来源：Mathwick, Charla, Naresh Malhotra, etl. Experiential value: conceptualization, measurement and application in the catalog and internet shopping environment. Journal of Retailing, 2001, (77): 39-56。

斯文尼和苏塔（Sweeney，Soutar，2001）在总结他人研究的基础上，通过实证研究提出了四种价值维度：一是情感价值，指顾客从商品消费的感觉和情感状态中所得到的效用；二是社会价值，指产品提高社会自我概念给顾客带来的效用；三是质量价值，指顾客从产品感知质量和期望绩效比较中所得到的效用；四是价格价值，指短期和长期感知成本的降低给顾客带来的效用。

我国学者范秀成、罗海成（2003）将顾客价值分为功能价值、情感价值和社会价值三个维度，其中功能价值包括质量价值和价格。

米奇（Michie，2005）将顾客价值分为实用性价值、享乐性价值以及象征性价值三类。实用性价值是指产品或服务本身所给予消费者解决问题的能力，这种能力可以满足消费者对于其产品或服务本身的功能或效用上的需求，进一步使消费者享受到消费所产生的效用，或者是成本降低所带来的实惠。享乐性价值指卖方能够提供给消费者的正面感官享受（带给消费者情感、美感体验或是其他感官上愉悦、幻想的感觉）的能力。这些感官情绪使得消费者认为消费获得了利益，减少了成本。象征性价值指消费者在购买产品或服务的交易过程中，能提升消费者自我形象、角色地位、群体归属或自我区别意识。

此外，豪马贺卡公司在大量深入调查顾客需要的基础上，提出了豪马价值性模式，从价格、产品、信实、体验和精力五个方面衡量顾客的利得和利失。其中价格和产品是理智因素，顾客基于逻辑的偏好对其进行选择，这两个因素是企业竞争中的重要手段，但也最容易被复制。信实、体验、精力是情感因素，它们不仅提供了把产品和服务从竞争对手的产品和服务中清楚识别出来的机会，而且研究表明，它们促成了大部分购买的决定。

2.3.2.2 顾客价值构成研究评析

从顾客价值构成的研究成果来看，顾客价值基本上有两个构面，一个是重视功能性与实用性（即产品和服务的基本效能）的外在价值，一个是重视顾客感官体验的内在价值。而且随着体验研究的深入，情感价值越来越受重视。但是，从顾客的角度来说，他们很难对自己获得的价值进行这种外在与内在的区别，因为有些产品的功能性当中就包含了内在价值的内容，如展览产品给顾客带来的美学享受；还有些产品虽然传统上某种价值属于内在价值，但是当这种价值成为一种行业共性时，这种价值对顾客来说就是外在的功能价值。因此，为了研究的便利性和全面性，研究者对顾客价值进行分类是必要的，但是这种分类要以顾客的感知规律为基础，否则就会偏离顾客价值本身尊重顾客、服务顾客的初衷。

为顾客提供超级价值的能力是企业创造差别化的工具和建立持久竞争优势的关键，从顾客价值研究的简要回顾来看，顾客价值研究的发展历程是顾客所获得的价值被不断扩大、不断提升的过程，从单一服务功能价值，到情感价值，直至整体价值，对于顾客来说每一次研究的突破都是一次价值升级的过程，对于企业来说每一次都是一个创新和进步的机会。可见，企业要想不断地为顾客创造优异价值，提升企业竞争力，就需要理解消费者的价值认知规律，而且由于消费者的需求和价值判断不是静态的，而是随时间变动的，因此需要了解价值认知的动态变化过程。

第四节 饭店企业的顾客价值研究

顾客价值在饭店研究领域的出现既受到顾客价值研究的影响，也由于服务流程再造、全面质量管理、顾客满意研究等在饭店企业竞争优势创造方面遇到了瓶颈，人们越来越发现"饭店企业真正的竞争优势源于满足与发现顾客的需求与偏好"[1]。不过目前，饭店企业的顾客价值研究基本上是对顾客价值研究成果的沿袭和应用，而且主要还停留在顾客价值重要性的认知层面，而与提升饭店竞争优势直接相关的顾客价值驱动因素及顾客价值构成的直接研究成果较少。

2.4.1 饭店顾客价值的认知载体

饭店顾客价值也是饭店顾客感知利得与感知利失比较的结果。从

---

[1] 周亚庆：《基于顾客价值理论的饭店企业经营战略研究》，《中国人文科学研究》，2004：2。

以往关于饭店顾客价值的研究来看,学者们在研究饭店顾客利得与利失构成时总是会借鉴顾客满意度研究中的相关成果,有的学者直接把顾客选择饭店时的关键要素作为饭店顾客价值构成。从这些关键要素与顾客价值密切关系的角度来讲,这种做法有一定合理性,但由于这些要素大多是对饭店产品内容的表达,比较具象,也比较零散,因此,笔者认为把这些要素作为饭店顾客价值的认知载体或驱动要素更为合适。这方面可资借鉴的国外文献较多。

卡斯顿(Knutson,1988)认为清洁、舒适、地段便利、服务快捷、礼貌、安全和保安及员工友好是商务和休闲客人第一次或重复购买时的关键因素。威伦斯基和巴特(Wilensky,Buttle,1988)认为个人服务、建筑物、放松、服务标准、诱人的形象是顾客看重的因素,并且证实了这些要素可以替代金钱上的评估。里弗斯等人(Rivers et al.,1991)指出地段便利和整体服务是吸引常客与非常客选择饭店的重要因素。巴斯吉和拉巴夫(Barsky,Labagh,1992)曾建立"顾客满意矩阵",以"重要度"和"期望"作为X和Y轴,将满意度分为4个维度:关键优势、无意义优势、风险与机会、潜在威胁。其主要涉及的属性有员工态度、地段、房间、价格、设施、接待、服务、停车、餐饮等9项,其中员工态度、地段和房间是商务和休闲客人选择饭店时最注重的因素。安纳斯等人(Ananth et al.,1992)从510位顾客对57个饭店属性排序的结果中得出,价格、质量、安全和地段便利是排在前四位的因素。美国旅馆与汽车旅馆协会曾分别于1978年、1985年、1989年、1994年针对经常旅游的美国游客(过去一年停留时间超过5晚以上)作了问卷调查,发现选择饭店的最重要的要素依次是:外观清洁、价格合理、地点便利、服务优质、安全与保障度、知名度和商誉、公司与家庭折扣、订房服务、娱乐设施、个人免费、亲友推荐、连锁常客优惠、商务设施等。布莱克和谷曳(LeBlanc,Nguyen,1996)认为饭店周围的环境、饭店知名度以及个人服务是影响顾客选择饭店的重要因素。雷蒙德(Raymond Chu,2000)在研究中得出服务质量、商务设施、房间和前台、食物和娱乐、安全和价格是顾客看重的要素。康奈尔大学的劳瑞迪和李纳芬(Laurette,Leo M.Renaghan,

2000）对469位经常光临美国最佳绩效饭店的顾客进行了调查，得出在饭店消费服务阶段的感知价值因素，根据其重要性程度进行排序，分别是地理位置、品牌和声誉、外部和公共区域、客房设计、价格、服务效率、人际服务、营销、餐饮服务、质量标准。同时，该研究还发现拥有不同旅游动机的顾客在住宿前后对饭店价值的认知载体有显著差别，如表2.5所示。

表2.5 劳瑞迪和李纳芬的饭店顾客价值认知载体研究

	会议商务市场		过境商务市场	
	住宿前	住宿后	住宿前	住宿后
1	外部和公共区域	客房设计	地理位置	客房设计
2	客房设计	人员服务	品牌和声誉	外部和公共区域
3	功能性服务	外部和公共区域	外部和公共区域	人员服务
4	品牌和声誉	功能性服务	价格	功能性服务
5	人员服务	餐饮服务	客房设计	餐饮服务
6	餐饮服务	质量标准	营销	质量标准
7	地理位置	地理位置	功能性服务	盥洗室设施
8	质量标准	价格	人员服务	地理位置
9	价格	会议室设计	质量标准	价格
10	卫生间功能	品牌和声誉	卫生间功能	品牌声誉

资料来源：Laurtte D. & Leo M.R. Creating visible customer value. Cornell Hotel and Restaurant Administration Quarterly，2000：65-71。

香港学者艾瑞克和西蒙（Eric，Simon，2005）在研究中充分肯定了已有研究中选择饭店的属性：包括安全、可靠性、服务质量、名誉、服务员行为等在内的无形资产属性；包括价格、设施、地点、口碑、广告、熟悉感和过去的经验等有形资产属性；此外，迅速和有礼貌的服务品质、餐厅的食物价值、停车方便及内部装潢和外观的审美也是主要的认知载体。

美国饭店公司的调查资料将顾客从进入大堂登记、进入房间到就餐、退房的过程分为 39 个关键时刻,这些关键时刻被认为是饭店有机会使顾客感到满意的时间和地点,也是饭店分析如何为顾客创造价值的关键点。邹益民和奚高云(2003)根据康奈尔大学的研究结果,将住宿前和住宿后的因素进行综合,得到 11 项亚驱动要素,将这 11 项亚驱动因素归纳为品牌形象、地理位置、有形产品、无形服务和物有所值 5 项主驱动因素,同时又结合 39 个关键时刻分析了饭店顾客价值亚驱动因素的下级驱动因素,从而形成三级驱动因素,如表 2.6 所示。

表 2.6 邹益民和奚高云的饭店顾客价值驱动因素研究

主驱动因素	亚驱动因素	三级驱动因素
品牌形象	品牌和声誉	品牌形象、信息沟通、环境保护、服务承诺
地理位置	地理位置	地段便利
有形产品	公共区域	环境、卫生、面积、美感、外观、公共空间
	客房设计	整体感觉、面积、卫生、舒适、美感、娱乐设备、工作设备
	卫生间功能	面积、舒适、设施、整体感觉、卫生
	餐饮服务	整体质量、食物质量、酒店氛围、客房送餐
	质量标准	安全、服务项目、健身房、行政楼层、商务中心、会议室、宽带
无形服务	服务效率	整体效率、服务速度、服务效果、住离店服务
	人际服务	服务态度、个人关系、专门服务、定制服务、个人认识
物有所值	价格	价格合适、物有所值
	营销	客房预订、折扣、常客计划、促销

资料来源:邹益民、奚高云:《顾客价值理论对饭店服务流程优化的启示》,《商业经济与管理》,2003,142(8):50~53。

2.4.2 顾客价值认知载体的体验过程

派恩二世和吉尔摩(Pine II,Gilmore,1998)根据消费者的参与程度及吸收或浸入体验的程度,将体验分成四种类型:(1)教育体验(Education);(2)逃避体验(Escapist);(3)娱乐体验(Entertainment);(4)审美体验(Estheticism)。客人参与教育体验是想学习,参与逃避体验是想去做,参与娱乐体验是想感觉,而参与审美体验的人就想到达现场。最丰富的体验则包含上述四个领域的各个方面。

施密特(Schmitt,1999)则认为,要处理好消费者的消费体验,最重要的任务是为消费者创造不同的体验形式。他把不同的体验形式看做战略体验模块(Strategic Experiential Modules,SEMs)[1],它们同大脑模块一样,有其内在的结构和原理。他认为,根据大脑由具有不同功能的模块组成的概念,战略体验模块包含感官体验、感受体验、思维体验、行动体验和关联体验。感官体验是由视觉、听觉、嗅觉、味觉及触觉形成知觉刺激,以形成美学的愉悦、兴奋、美丽与满足;感受体验可由正面、负面的心情及强烈的感情所构成,而且接触互动及消费期间的情感最为强烈;思维体验可通过创造惊奇感、诱发及刺激而产生,以吸引消费者注意、引发其好奇心及激发其刺激感;行动体验可通过创造身体感受行为模式、生活形态及互动关系而形成,消费者可通过行动展现自我观感及价值;关联体验与文化价值、社会角色及群体归属有关,通过创造消费者想要参与的文化或社群,为消费者建立一个独特的社会识别。企业为客户提供的体验很少只是一种,而是几种体验的结合使用,而且不同体验模块的结合"不是两种或两种以上的战略体验模块简单的叠加,而是它们之间互相作用、相互影响,进而产生一种全新的体验"。

张红明(2005)从心理的结构出发,以心理结构的分化与组合过程及人的精神追求阶段的区分作为划分标准,把与心理体验相关的体验系统分为感官体验、情感体验、成就体验、精神体验和心灵体验五个方面。

---

[1] Schmitt B H.. Experiential marketing. Journal of Marketing Management,1999,(1):53-67.

2.4.3 顾客价值认知载体的体验结果

我国学者纪峰、梁文玲（2007）提出饭店顾客价值由服务质量、地理价值、货币成本、非货币成本、情境价值、情感价值、社会价值和认识价值组成，并通过实证研究进行了证实。按照顾客的看重程度，这些组成要素的先后次序依次为服务质量、货币成本、情境价值、情感价值、非货币成本、社会价值、地理价值和认识价值。其中，服务质量涉及饭店的有形性、反应性、保证性、移情性四个指标；地理位置是饭店所处的地段以及周围的自然环境和人文环境的统称，涉及地段便利、自然环境、人文环境三个指标；情境价值是指顾客在饭店内部装潢、空间布局设计和空间氛围中感知到的价值，涉及建筑风格、内部装潢、空间氛围和空间布局四个指标；认识价值是企业在社会公众中形成的总体形象对顾客所产生的价值，涉及饭店星级、知名度和声誉三个指标；情感价值是指顾客在产品消费的情感状态中所得到的效用，涉及情感氛围、情感联系和情感体验三个指标；社会价值是产品或服务提高顾客社会自我概念给顾客带来的效用，涉及归属感、自尊感和成就感三个指标；货币成本是饭店顾客在入住饭店中所付出的货币数量，用正常价、折扣价和常客价三个指标来测度；非货币成本是顾客在入住饭店中的非货币成本，用时间成本、体力成本和精力成本三个指标来测度。

赵振举（2008）在其硕士论文中将高星级饭店顾客价值分为实物产品价值、服务价值、形象价值、关系价值、人员价值、顾客成本六个维度，但没有进行实证研究。与纪峰和梁文玲的顾客价值构成相比，实物产品价值与服务价值基本等价于服务质量价值；形象价值基本等价于认识价值；关系价值是指饭店顾客与饭店间长期产生的合作关系及与饭店员工间的私人关系，与情感价值有一定的相似性；顾客成本基本等价于货币成本和非货币成本。此外，人员价值是指企业员工的经营思想、知识水平、业务能力、工作效益与质量、经营作风、应变能力等产生的价值，这个价值在纪峰和梁文玲的顾客价值构成研究中没有被特别强调，只是在服务质量价值里涉及了一些内容。而纪锋和梁文玲所强调的地理价值、社会价值以及情景价值在赵振举的研究中没有被特别强调。

国外学者汉尼、费里克斯（Hanny，Felix，2008）在研究中综合了佩特里奇（Petric，2002）提出的行为成本、货币成本、情感价值、质量和声誉五个价值维度，以及斯文尼、苏塔（Sweeney，Soutar，2001）提出的质量价值、价格价值、情感价值和社会价值四个价值维度，提出了质量声誉（Reputation for Quality）、物有所值（Value for Money）和声望（Reputation）三个价值维度。质量声誉指获得质量概念、声誉以及一定程度的情感价值。物有所值指比较收益和付出，获得货币价值。声望是指将顾客与饭店联系起来的社会价值。

2.4.4 本书对饭店顾客价值的界定

2.4.4.1 饭店顾客价值

根据前文对有关顾客价值与饭店顾客价值文献的回顾，饭店顾客价值是由顾客从饭店感知的价值利得与价值利失共同决定的。顾客价值的创新也就意味着增加顾客的价值利得或者是减少价值利失，由于价值利失与顾客的一些自身条件有紧密联系，而且有的价值利失（如价格）直接受制于价值利得的创造过程，因此本书将在假定价值利失一定的情况下从增加价值利得的角度来分析主题饭店的顾客价值创新，既包括通过增加价值利得维度进行的价值创新，也包括通过增加某个维度的价值利得的大小进行的价值创新。因此，本书后文提到的顾客价值实际上主要是特指顾客的价值利得部分，顾客价值构成也是指顾客价值利得部分的构成。

2.4.4.2 饭店顾客价值构成

根据笔者前文对顾客价值构成研究成果的回顾发现，有些价值为研究者们所普遍认可，如功能价值、社会价值、情感价值等；有些价值则只在部分研究者的研究成果中被提出，如知识价值、心灵、伦理等。这一方面是由于顾客的需求是在不断变化的，这些研究成果存在客观的历史局限性；另一方面是由于不同的研究者对顾客价值的关注角度不同，而且会受到所在行业传统边界的限制，故而研究成果也会存在一定的局限性。特里等人根据一些著名心理学家、社会学家以及价值论专家的著作中所描述的人所需要的价值设计了人的价值模型（如表 2.7 所示）。这个模型不仅表明了人面对事物时所可能存在的各种价值感知，也给我们提供了跨越行业边界、完全从人的需求出发的顾客价值构成。所以，在构建饭店顾客价值模型时，为了突破目前饭店在顾客价值创造方面的狭隘性，从顾客基本需求的角度去挖掘顾客价值，本研究尊重已有的关于饭店顾客价值的研究成果，但并不局限于此，而是结合其他行业的研究成果，以顾客基本需求为基础对饭店顾客价值进行系统构建，总结出以下饭店顾客价值。

表 2.7 价值模型

生理层次	情感层次	智力层次	精神层次
振奋	健康	学习	满足
愉悦	个人的发展	知识	平静
舒服	任职	欣赏	自由
方便	教育	珍品	信任
独立	关怀	优秀	诚实
安全	社会关系	控制	精神上的发展
生存	自我表现	品质	精神上的表达
	自尊	选择	创造性的表现
	财产	可靠	唯美的交融
	幸福	稳定	社会责任心
	和睦	满意	
	身份	能力	
		效率	

资料来源：特里·A. 布里顿、戴安娜·拉萨利著，王成、龙潜译：《体验——从平凡到卓越的产品策略》，北京：中信出版社，2003：12。

2.4.4.2.1 饭店基础功能价值

功能价值也是实用性价值，是指"产品或服务本身所给予消费者解决问题的能力，这种能力可以满足消费者对于其产品或服务本身的功能或效用上的需求"(Michie, 2005)。当然，这里的功能其实是狭义的功能，是局限于产品或服务基础功能、第一目的的说法。从功能的广义理解来说，某个产品或服务为顾客创造的所有顾客价值都可以被看做该产品或服务的功能。因此，本书用"饭店基础功能价值"来指代饭店通过给顾客提供住宿、饮食和康体服务而为顾客创造的价值，具体包括安全价值、舒适价值、可口价值、方便价值。这些价值都属于顾客生理需求的层次。

有的学者将价格纳入功能价值中研究，笔者认为虽然功能价值提供的是顾客的根本需求，但是从顾客角度来说，价格并不是单纯针对根本需求发生的，而是要与所有的顾客价值发生联系的，而且价格属于价值利失内容，因此本书不讨论价格。

2.4.4.2.2 美感价值

李泽厚（2004）根据美感产生的阶段和层次，将美感分为悦耳悦目、悦心悦意和悦志悦神三个层次。悦耳悦目不只是认知而且是享受，这享受也不只是生理快感，而是身心愉悦。其次是悦心悦意，它包含无意识的本能满足，包括性本能、情欲、行为、心境、理念的被压抑，通过审美获得解放和宣泄，还有此范围之外的心意的满足和愉悦。最高的形式也是最高的境界就是悦志悦神，它是在道德基础上达到某种超道德的人生感性境界，它不只是耳目器官、心意情感的感受理解，而是整个生命和存在的全部投入。由此推之，美感价值也有层次之别。从笔者查到的学者们关于美感价值的论述来看，并没有对美感价值的层次作特别说明，但是从美感价值与其他顾客价值的分界来看，笔者认为学者们在顾客价值领域探讨的美感价值基本是属于悦耳悦目层次的美感价值。在本研究中，为了与其他饭店顾客价值（如后文将进一步分析的情感价值、心灵价值等）相区分，饭店美感价值被界定为顾客在饭店消费的过程中通过感官体验，从饭店自然环境、人文环境中的声音、气味以及实物的色彩、形状、结构等要素中所获得的"悦五官"的美好感受。

2.4.4.2.3 社会价值

社会价值是产品或服务提高顾客社会自我概念给顾客带来的效

用（Sweeney，Soutar，2001；纪峰、梁文玲，2007）。霍尔布鲁克（Holbrook，1999）根据顾客参与消费的主动性和被动性差异，提出与社会价值关系密切的地位价值和尊敬价值。根据两项价值的具体解释，地位价值则更倾向于顾客通过具体的消费活动所感受到的来自产品或服务供给者对自己的尊重，进而获得自己在人群中的形象与地位的提升。尊敬价值与奢侈品的消费观念比较类似（Bond，1983），顾客因为消费行为本身获得价值，而非消费物本身所给予的价值，顾客通过消费某项产品能够在他人面前显示其声望、地位，客观上可能提升顾客在某个群体的自我形象，增加其群体归属感。此外，施密特（Schmitt，1999）在战略体验模块中提出的"关联体验"也与社会价值有紧密联系，尤其与霍尔布鲁克尊敬价值有相似之处，但又不完全一致。"关联体验与文化价值、社会角色及群体归属有关，通过创造消费者想要参与的文化或社群，为消费者建立一个独特的社会识别"[1]，可见，通过关联体验创造的价值更偏重于强调顾客在消费过程中所获得的某种特定的文化归属感。

因此，为了更明晰地说明饭店社会价值，作者根据价值效果的不同将社会价值区分为地位再现价值、文化归属价值和受尊重价值。地位再现价值是指顾客通过在饭店的消费活动，能够提升顾客的"自我形象、角色地位、群体归属或自我区别意识"（Michie，2005）。文化归属价值是指顾客通过在饭店的消费活动能够与某种特殊的文化元素相联系，能够为自己建立一个独特的社会识别。受尊重价值是指顾客在饭店消费的活动中感受到服务人员的关注和尊重以及自身地位的提升。

2.4.4.2.4　情感互动价值

很多学者在研究顾客价值时都把情感价值作为一项重要的顾客价值，认为情感价值是"顾客在消费过程中所引起的感觉或情感状态而带来的价值"（Sheth et al.，1991；Sweeney，Soutar，2001；范秀成、罗海成，2003；Michie，2005；纪峰、梁文玲，2007；赵振举，2008）。

---

[1] Schmitt Bernd H. . Experiential marketing. Journal of Marketing Management, 1999, 1: 53-67.

但是这些学者所指的情感价值是狭义的,因为在他们的顾客价值构成中都同时出现了情感价值和社会价值,而事实上社会价值也属于情感层次的价值。为了避免情感价值表述的歧义,鲁伊特(Ruyter,1996)将与情感性评价有关的顾客价值统称为内部价值。本书考虑到情感意义的宽泛性,为了避免各项价值之间的混淆,用情感互动价值来代指顾客在饭店消费的过程中从产品本身或服务提供者行为中所感受到的美好情感,以及对顾客美好情感的激发。

2.4.4.2.5 表现价值

表现欲(Exhibitionism)是霍尔布鲁克(Holbrook,2000)从消费体验相关文献中总结的消费体验维度之一,说明消费者在消费过程中有展现自己的需求。施密特(Schmitt,1999)在战略体验模块中提出行动体验,强调消费者有通过行动展现自我观感及价值的需求。因此,表现价值是指顾客在饭店消费过程中所获得的展现自己能力的机会。

2.4.4.2.6 娱乐价值

"娱乐消遣是人类一种正常的精神生活,马克思把这种精神生活称作'享乐的合理性'的满足"[1]。娱乐价值是指饭店"通过设计引人入胜的消费体验活动,产生趣味性的交易,激起顾客内在追求娱乐需求,让消费者能产生规避现实的感受"(Mathwick et al.,2001)。这里要特别强调,娱乐价值并不等于愉悦价值,愉悦价值可以从任何价值中产生(Frondizi,1971)。

2.4.4.2.7 知识价值

谢思等学者(Sheth et al.,1991)提出了知识性价值,指顾客在消费中所引起的好奇、新鲜感和其求知欲被满足而获得的价值。在斯文尼和苏塔(Sweeney,Soutar,2001)基于耐用品提出的顾客价值维度中没有列出知识性价值,但是他们也指出,虽然知识性价值目前在耐用品的购买决策中还不太重要,但是对于那些追求全新体验的顾客,尤其是在旅游、冒险、购物旅行等服务体验的过程中,知识性价值会是非常重要的。派恩二世和吉尔摩(Pine II, Gilmore,1998)根据

---

[1] 蔡红洋:《电视娱乐文化心理探微》,《闽西职业技术学院学报》2006,2:28。

消费者的参与程度及吸收或浸入体验的程度,将体验分成四种类型。他认为教育体验是其中之一,顾客因为想学习所以参与教育体验。但是顾客的这种学习需求不仅限于专门的教育型体验,而是可以包含于一项丰富的体验当中的。施密特(Schmitt,1999)在战略体验模块中提出的思考体验也与知识价值紧密相关,"思考体验可通过创造惊奇感、诱发及刺激而产生,以吸引消费者注意、引发好奇心及激发刺激感"[1]。可见,知识价值涉及激发求知欲、获得专业知识、培养专业爱好三个层面的内容。因此,饭店为顾客创造的知识价值可以被界定为:顾客在消费的过程中,通过求知欲被激发、求知欲被满足获得专业知识、求知欲被延续,从而形成或强化某种专业爱好而获得的价值,包括求知激发价值、知识补给价值和爱好培养价值。

2.4.4.2.8 道德价值

恩格尔和布拉克威尔(Engel,Blackwell,1982)认为具有社会自觉的顾客在消费购买时,不只会关注自己本身的满足,还会考虑社会与环境层面的福利,若有违背社会公序良俗等伦理道德的消费行为,即使产品再优良,也不为所动。正是基于这种认识,霍尔布鲁克(Holbrook,2000)在研究顾客价值时明确提出了伦理价值(Ethics),而且他认为美德、正义、道德都是伦理价值。虽然伦理与道德这两个概念紧密联系,而且经常被人们连在一起使用,但事实上二者有着显著区别:"伦理范畴侧重于反映人伦关系以及维持人伦关系所必须遵循的规则,道德范畴侧重在反映道德活动或道德活动主体自身行为之应当;伦理义务对成员的要求具有双向性特征,而道德义务的要求具有单向性特征;伦理是客观法,是他律的,道德是主观法,是自律的;伦理是对人们行为应当理由的说明,而道德则是对人们行为应当境界的表达。"[2] 可见,伦理更强调社会规范,而道德则侧重自我修为,而道德所内含的这种自律性与顾客价值的自发性更加吻合,因此笔者将这种顾客于消费行为中所获得的文明性的提升称为道德价值。

---

[1] Schmitt Bernd H.. Experiential marketing. Journal of Marketing Management, 1999, 1: 53-67.

[2] 邹渝:《厘清论理与道德的关系》,《道德与文明》,2004,5:16~19。

2.4.4.2.9 心灵价值

霍尔布鲁克（Holbrook，2000）在研究顾客价值时明确提出了心灵价值（Spirituality），主要是指消费者会受宗教或心灵欲望的影响进行消费决策。张红明（2005）认为心灵体验是消费体验的最高层次，反映了人对心灵归宿的追求，但同时他也指出这种体验只可意会不可言传。

第三章 主题饭店的内涵和辨析

"主题饭店"这一概念在受到市场肯定的同时也面临着被盲目追捧和泛化认识的风险,这不仅会造成市场的混乱,更会造成资源的浪费。

第一节 主题饭店产生和发展的历史背景

"主题饭店"是一个来自实践中的名词,主题饭店作为一种比较新的业态,是市场竞争的产物,只有了解了主题饭店的实践起源和兴起背景才能更深刻地探讨主题饭店的本质内涵。

3.1.1 主题饭店的起源

"主题饭店"作为饭店业一个较新的名词,虽然目前尚无从考证是谁首先运用了这个名词,但业界公认这一名词是源于美国加利福尼亚的玛丽亚饭店(Madonna Inn)。1958 年,该饭店率先推出 12 间主题房间,后来发展到 109 间套房,有 109 个风格完全不重复的主题。同时,业界公认的全球主题饭店发展最早、数量最多、规模最大的城市是美国的拉斯维加斯。1966 年开幕的凯萨皇宫饭店,是拉斯维加斯第一家主题饭店,它以古罗马帝国时代为主题,门前的大理石凯萨像、巨大的喷泉、身穿古罗马服饰的服务生等都使顾客仿佛置身于古罗马时代。在凯萨皇宫饭店之后,拉斯维加斯又建成了一批著名的主题饭店,如以影城好莱坞为主题的米高梅饭店、以埃及金字塔为主题的金字塔饭店、以意大利水城威尼斯为主题的威尼斯饭店等。

正是那些早期的主题饭店经验奠定了人们对"主题饭店"这个概

念认知的基础。人们根据成功经验对主题饭店的认识可以归纳为"围绕某种主题进行建设、装饰的一种住宿形式,旨在为入住的个人和家庭带来乐趣和高水准的娱乐体验。主题饭店多数情况下选择单一的主题,酒店各个部分,从大堂到客房和公共区域,始终贯彻着同一主题。部分饭店选择多风格的形式,酒店每一间客房都有一个主题"[1]。

3.1.2 主题饭店发展的市场背景

3.1.2.1 饭店业日益激烈的同质化竞争现状

作为第一个出现主题的饭店,玛丽亚饭店(Madonna Inn)创始人当时推出主题客房的真实动机已无历史可考,但是其所处的美国汽车旅馆大发展的历史背景让人们不难推断当时所处的市场背景。而且,从主题饭店在拉斯维加斯的快速发展、在世界各地的不断兴起以及目前在我国的备受追捧,都不难发现,主题饭店的发展离不开一个重要的市场要素——同质化的产品格局所引发的日益激烈的饭店竞争局面。

3.1.2.1.1 拉斯维加斯主题饭店发展的市场背景

根据拉斯维加斯的官方统计数据,从1941年第一家饭店开业到2009年,拉斯维加斯在营业的度假饭店达到55家,2010年和2011年也各有2家落成开业。在这个过程中,既有新饭店的落成,也有旧饭店的爆破退市,饭店的扩建改造工程更是不曾间断。可见,作为一个州立城市,拉斯维加斯饭店业的发展是异常迅速的,而且从饭店的兴衰更迭与扩建情况来看,各饭店之间的竞争也是非常激烈的。如何于拉斯维加斯博彩业优势发展的市场环境下创造出异质化的度假饭店产品成为拉斯维加斯饭店业主及管理者必然面对的问题。

1966年,杰·赛诺(Jay Sarno)创建了凯萨皇宫饭店,他改变了已有饭店基于低俗赌徒需求的设计,视每一个顾客为尊贵的"凯萨",建立了罗马风格的饭店,将饭店外观与内部装饰融合到一起,结合高级餐饮与娱乐休闲的复合性设施,增加了顾客的舒适度和愉悦感,顾

---

[1] 魏小安:《中国主题酒店的发展》,http://www.worldwidehotel.cn/showart.asp?id=26&page=1。

客不仅可以在这里享受博彩的乐趣，而且可以于吃、住、玩、购物等多种体验中获得享受与乐趣。凯萨皇宫因此成为那些追求奢侈的高级赌徒所向往的度假地。凯萨皇宫区别于传统赌场饭店的主题式创新，不仅在激烈的市场环境下为饭店开创了全新的市场，也使创始人塞诺先生成为改变拉斯维加斯的重要历史人物，他为拉斯维加斯的度假饭店建立了新的标准。1968年，赛诺又新建了马戏广场，开始只有游乐场和赌场，1972年增加了套房，这种以顾客所熟悉的马戏团作为主题的设计进一步创新了饭店的顾客价值，吸引了家庭市场。

20世纪80年代末拉斯维加斯赌博业停滞不前，赌场饭店的发展遇到瓶颈。作为塞诺先生的仰慕者与跟随者，史蒂夫·韦恩（Steve Wynn）受到前人的启发，认为对于赌场饭店来说，赌具的同质性是不可避免的，真正能够打动客人并让客人感到欣喜、愉悦的是那些有创意的、令客人向往的体验，关键问题不是市场有没有饱和，而是提供给顾客的是不是他们想要的和梦寐以求的，如果你给的是一个他们自己都没想到的惊喜，还怕他们不来么？[1]他于1989年耗资7.5亿美元创建了结合娱乐和赌场的主题饭店海市蜃楼（Mirage），一年之后不仅实现了4亿美元的博彩收入，还通过配套的客房、专卖店及各种娱乐设施获得了几乎同等数额的非博彩收入。该饭店以"沙漠中的绿洲"为主题，店内有梦幻般的园林景色，店外有热带雨林和饲有各种珍稀动物的神秘园，还有每晚15分钟一次让人惊叫的火山爆发表演。1993年，韦恩又创建了以海盗为主题的金银岛饭店，每晚在酒店外人工加勒比海海面上表演的海盗大战成为拉斯维加斯继火山爆发表演之后的又一看点。或者是受到韦恩的启发，或者是英雄所见略同，继海市蜃楼开业之后，1990年到2000年又有十几家主题饭店在拉斯维加斯开

---

[1] "Wynn said the experience is not about the gambling. 'It's about the non casino parts. People don't move for a slot machine. Hell, they're everywhere… They're a commodity. They are all the same. Every slot machine or blackjack table in the world is like every other.' 'What moves people is when they have time for recreation and leisure,' Wynn said. 'That they can go somewhere and have an experience that's richer, more exciting, maybe more beautiful, and more fun than they can get any other day, every other day of their life.'" http://abcnews.go.com/Nightline/Story?id=3650310.

业，这些主题饭店不仅于赌场饭店的竞争困境中为自己找到了出路，而且也帮助拉斯维加斯这座曾经难登大雅之堂的城市开启了新的梦想。

3.1.2.1.2　中国主题饭店兴起的市场背景

我国第一家主题饭店——鹤翔山庄，其前身是建成于20世纪80年代末的一家招待所，由于经营不善，1996年被成都市旅游局处以黄牌警告和摘星（二星）的处罚，同年10月被农行四川省分行收购。也正是因为这次收购，这家惨淡经营的招待所获得了新的发展机遇。新的经营者安茂成总经理面对旧招待所竞争乏力的现实，基于饭店坐落于青城山（道教发祥地）景区之内、千年古道观长生宫遗址之上的地理和文化优势，将一个缺乏竞争优势、陷于停滞的低档招待所培育成了一个以道家文化为主题的知名品牌饭店——鹤翔山庄。在鹤翔山庄，客人不仅能于饭店房间内外环境、设施中感受到道家文化的滋养，而且可以享受饭店围绕道家文化所开发的长生宴、青城道茶、养生月饼，甚至可以学习道家经典和养生招式。鹤翔山庄因为让客人获得了不同于其他饭店的全新的住宿体验而于激烈的饭店竞争中脱颖而出。

与鹤翔山庄没落的前身相同，四星级主题饭店京川宾馆的前身也同样亏损严重。由于不可能实行拉斯维加斯那样内部爆破、全面新建的思路，临危受命的安茂成总经理必须在饭店原有建筑框架的诸多限制下寻找京川宾馆在激烈竞争中的突破口。鹤翔山庄的成功经验让安总又一次将思路锁定在主题的开发和建设上，他和他的团队最终选择了三国文化，将京川宾馆建成了一个有浓郁三国历史文化氛围和崇尚三国精神的主题饭店，取得了让同业羡慕的成功。

从近几年主题饭店在我国的积极兴起来看，主题饭店同时受到两类饭店业主的追捧，一类是那些在激烈的饭店竞争中面临生存困境的宾馆饭店，像鹤翔山庄和京川宾馆；一类则是那些相信在激烈的饭店竞争中仍有全新市场机遇的新建饭店，如深圳威尼斯皇冠假日酒店、深圳茵特拉根华侨城酒店等。从饭店档次来看，既有高星级饭店，也有中低星级饭店；从饭店市场来看，既有度假消遣型饭店，也有商务型饭店。

3.1.2.2 消遣市场与商务市场的殊途同归

从饭店业的整体发展历史来看,"住宿设施的早期发展与消遣旅游无关。早期的客栈和旅店是为了适应商人旅行和国家管理需要而发展起来的"[1],随着经济和社会的发展,饭店对消遣度假型客人的需求越来越关注,尤其是在旅游目的地,越来越多的度假型饭店开始出现。不过总体来说,商务客人的需求仍然是国内大型饭店集团所考虑的重点。与饭店业整体发展的历史有所不同,主题饭店则最先选择了消遣度假市场。第一家主题饭店 Madonna Inn 是一家汽车旅馆,诞生之时(1958年)正处于美国汽车旅馆大发展的历史时期。汽车旅馆是二战后随着大众旅游的兴起和美国公路网络的发展而出现、备受家庭度假旅游者欢迎的饭店类型。Madonna Inn 将汽车旅馆主题化,改变了原本单调同质的汽车旅馆,提升了度假消遣客人获得的价值,从而增加了饭店对市场的吸引力。如果说 Madonna Inn 的表现是偶然的,那么拉斯维加斯主题饭店的发展则更充分地说明了主题饭店在消遣度假市场的大放异彩。但是,同质化的竞争局面是同时出现在消遣度假市场与商务市场的,以消遣度假型旅游者为主要目标市场的饭店需要通过创新产品和服务、提升顾客价值吸引更多的客人,以商务客人为主要目标市场的饭店也需要通过创新产品和服务、提升顾客价值来培养更多的回头客。于是,从我国目前主题饭店的发展动向来看,虽然最早也是出现鹤翔山庄这一度假型饭店,但主题饭店并不局限于满足消遣型市场,已经开始延伸到了商务市场,如成都的西藏饭店、深圳的威尼斯皇冠假日酒店等。

可见,在日益激烈的饭店竞争环境下,主题饭店已经被饭店经营管理者们视为创造异质化产品、创新和提升顾客价值的重要利器。那么,到底是什么原因让主题饭店成为饭店竞争中的救命稻草,为什么"主题"二字能给饭店创造生命的奇迹呢?大部分饭店只是看到了"主题饭店"这个名词在国内外结出的硕果,而对于其真正的内涵却如雾

---

[1] 维克多·密德尔顿著,向萍译:《旅游营销学》,北京:中国旅游出版社,2001:359。

里看花，似懂非懂。既然历史和实践选择了"主题"，那么本书也将从"主题"开始去探索主题饭店的科学内涵。

第二节 主题饭店之"主题"的内涵剖析

如今，在我们的生活中，"主题"随处可见：电视影片有主题曲，文学作品有主题思想，学校有主题班会，电脑手机有主题，工作会议有主题，集体活动有主题，网络论坛有主题……在旅游业内，有主题公园、主题餐厅、主题饭店，每年有旅游主题，旅游目的地有主题口号……但是，对于"主题"的内涵、"主题"的价值，却很少有研究者对其进行学术探讨，"主题"成为了一个想当然的词语，尤其是当其进入具体情景被深入演绎时，这种"想当然"往往使"主题"的认识模糊，"主题"的价值也因此被削弱。从字面意思来理解，主题饭店即有"主题"的饭店，"主题"是决定主题饭店内涵的关键，因此，对主题饭店内涵的理解离不开对"主题"内涵的认知。

3.2.1 "主题"概念的起源和演进

"主题"一词源于德语，最初是一个音乐术语，指乐曲中最具特征并处于优越地位的那一段旋律——主旋律。它表现一个完整的音乐思想，是乐曲的核心。后来这个术语被广泛用于一切文学艺术的创作之中。日语中将这个概念译为"主题"，中文借用了日语中的翻译。我国古代对主题的称呼是"意"、"主意"、"旨"、"主旨"等。

心理语言学界曾经在20世纪80年代掀起过研究"主题"研究的热潮。虽然这些研究主要探讨的是语篇中的"主题"，但是笔者所查到的仅有的关于"主题"的科学研究，其对"主题"的认识对于其他主题包括主题饭店的"主题"的认识有重要借鉴价值。早期的研究者比较关注"从语篇的角度界定主题，将主题看做语篇作者通过语篇所要表达的主要内容"[1]。随着认知心理学对个体语言理解研究的深入，人们越来越认识到读者的阅读和理解对于主题本身的意义。认知心理学家鲁梅尔哈特（Rumelhart）首先开始倡导一种新的观点，强调读者对意义建构的重要作用，他认为在语篇的信息之间存在缝隙，读者必须通过推理加工活动将这些缝隙进行填充才能实现理解。读者头脑中既有的图式在阅读中会被语篇信息激活，从而进入语篇表征之中，促进语篇表征的形成。威廉（Williams，1993）在此基础上提出一种综合性的观点，认为主题是读者在语篇所表达内容的基础上主动建立起来的关于语篇主要内容的表征。金西（Kintsch，1998）进一步指出，主题是作者通过微观加工将信息建构成较小的单位后，再在由选择、概括化和建构三原则所支配的宏观加工的作用下形成的关于语篇整体内容的层次性、概括性特征。可见，"主题不是作者强加给读者的，也不是读者无来由地产生的，它是读者将语篇所描述的内容与自身所具有的相关知识相互结合，通过推理这一重要的加工活动主动建立起来的关于语篇所描述的主要内容的表征"[2]。

　　从语篇主题的心理学研究中我们不难发现：（1）人们在认知信息时会对所获得的信息进行主题加工。这不仅有利于人们对众多信息的有效把握，也有利于人们对信息的记忆。根据心理学的研究，人们会进行"将若干小单位联合成大单位的信息加工"[3]，即"组块"。组块是人们利用知识经验对进入短时记忆的信息加以组织，使之构成人们熟悉的有意义的较大单位。组块"储存在长时记忆中，是单个项目在长时记忆中的组合，是长时记忆中的单位"[4]。（2）主题既能表达信息发出者所预期的信息的组织结果，也能够表达信息接收者对信息的组织结果，二者既可能一致，也可能会存在差别，因为人们的知识背景不同，对信息的组织方式也不同。

---

[1] 井世洁、李西君：《西方关于语篇主题的心理语言学研究》，《开封大学学报》，2004，2（18）：47。

[2] 同上：48。

[3] 杨治良等：《记忆心理学》，上海：华东大学出版社，1999，6:44。

[4] 彭聃龄、张必隐：《认知心理学》，杭州：浙江教育出版社，2004，12:169。

从主题的起源可以看出，主题是人们对信息的组织结果，这种对信息的组织有利于信息接收者对信息内容进行更好的识别、理解和记忆，这无疑给包裹在层层信息中迷茫的消费者带去了希望，也给陷入信息战争的商家带去了机会。

3.2.2 品牌主题的内涵和本质

伴随着商业经济的飞速发展，各种各样的商品信息铺天盖地地涌向消费者，消费者在备感商品世界极大丰富的同时也增加了选择的难度。但事实上，消费者的状况并没有想象得那么糟糕，信息并没有让他们思维混淆、不堪重负，因为消费者会对庞杂的信息进行简约化处理。相反，在这个竞争激烈和信息爆炸的时代，企业正陷入信息传递的困境中，如何让自己的产品信息留在消费者信息处理的最后一环，如何让自己的产品于众多干扰信息中脱颖而出，成为企业的极大困扰。

3.2.2.1 品牌主题的内涵

面对激烈竞争和信息爆炸所带来的苦恼，聪明的企业家发现了品牌的价值："在忙碌的市场中品牌起着广告牌的作用。它将产品的价值和特征集中在一个醒目的栏目之内，并且我们对其有不同程度的信任和认可。品牌象征着我们所共知的东西"[1]。这个醒目的栏目其实就是企业产品信息的主题，品牌就是要使产品信息统御于品牌背后所隐含的主题之下，让所有产品的信息都以品牌主题的形式进入消费者的记忆中，区别于其他产品。可以说，"品牌主题是概念上的驱动器，它使品牌的所有信息联系在一起"[2]。同时，与语篇主题一样，品牌主题也在信息发出者与信息接收者之间存在差别。

从企业的角度来说，品牌主题是由企业确定的用以表达公司和品牌的特征的文化符号。"如果主题：（a）被用作原型来表达某一企业的核心价值或使命，或者某一品牌特征；（b）在较长一段时期内得到重复和改善；（c）被发展为一整套相互关联的观点，主题就可以被鲜明

---

[1] 汤姆·布劳恩著，张涛译：《品牌的哲学：伟大思想家关于品牌的看法》，南宁：接力出版社，2005，1:6。

[2] 雷恩·爱尔伍德著，张天艳等译：《品牌必读》，北京：新华出版社，2003，7:115。

地表达出来。"[1]也就是说,这个主题是企业设计的,而且企业认为这个主题可以最准确、最鲜明地概括企业的信息,"可以令顾客在更大的情景范围内联想到该企业并辨别出它的地位"。正是基于这样的认识,美国市场营销协会(AMA)将品牌定义为:"用以识别一个或一群产品或劳务的名称、术语、象征、记号或设计及其组合,用以和其他竞争者的产品或劳务相区别。"

然而,消费者在接收企业所宣传的品牌主题信息的同时,还会通过其他信息渠道以及自己的亲身体验去获得企业或产品的信息,但是由于消费者并不会拥有与企业品牌主题设计人员完全一样的信息背景、认知能力和认知模式,所以消费者在对企业及产品信息进行认知时,可能并不能将这些信息组合于一个鲜明的主题之下,或者虽然形成了主题,却与企业预设的有很大差别。而一旦企业的品牌主题与消费者心中的品牌主题出现差别,消费者将会更忠于自己的内心。正如列维(Levy,1978)教授所提出的,品牌是存在于人们心智中的概念和群集。因此,对于消费者来说,品牌主题是消费者将自己所体验的企业或企业产品的信息与自己的经验、知识相互结合,通过推理在自己心里建立的企业或产品的表征。正是基于这样的认识,我国学者卢泰宏教授强调"品牌是一个以消费者为中心的概念,没有消费者,就没有品牌。品牌的价值体现在品牌与消费者的关系之中。品牌之所以能够存在,是因为它可以为消费者创造价值,带来利益"[2]。卢教授也同时指出"品牌有一个建立过程,在品牌开发之初,它属于制造商或服务提供者。品牌建设的转折点是营销者把它'放进'消费者的心目中"。

可见,为企业或商品构建品牌主题,是企业符合顾客认知规律的美好设想,但是既然创建品牌主题的目的并不仅仅是让企业或产品有个显赫的名称,而是要让顾客于整个消费过程中切实地感知到主题的存在,那么消费者就应该是品牌主题的最终评判者。也就是说,只有

---

[1] 贝恩特·施密特、亚历克斯·西蒙森著,曾嵘等译:《营销美学:品牌、识别与形象的管理》,上海:上海交通大学出版社,1999,5:115~129。

[2] 卢泰宏、邝丹妮:《整体品牌设计》,广州:广东人民出版社,1998:22。

企业或产品在消费者心目中拥有明确的、区别于其他竞争者的鲜明形象,并且这种形象与企业所设计的品牌主题相一致时,该企业才能真正获得所期望的品牌价值。

3.2.2.2 品牌主题的文化本质

"每一种文化都有把文化的不同要素结合起来的凝聚性",这种凝聚性"使文化成为富有生气和有机的整体,而不是离散或无序部分的聚集",这种凝聚性通常被称为"中心组织原理",或"主宰技术",或"统一主题"[1]。可见,文化的这一固有属性使"主题"成为文化的内在产物。它是"构成文化的'精髓'、'精神'或'灵魂',其他一切都是围绕着它融合和结合在一起的,这就像巨大的磁铁吸引周围的一切。当人们说'中心不能抓住'时,这通常是指文化的灵魂不能防止各部分向四面八方飞散"[2]。企业或产品品牌属于社会文化的范畴,它们本身也具有文化的凝聚性,只是强弱不同而已。而且与其他文化一样,这种凝聚性"与产生和形成文化的宇宙学因素、神话学、哲学因素和神学因素一样,是隐性的而不是显性的"[3]。因此,当企业将企业或产品的信息进行整合,明确地说出其品牌主题时,其实是把隐性主题用一种显性主题表达了出来,至于这一显性主题提炼得是否准确、与隐性主题在多大程度上相符,则需要到企业里去亲自体验。所以当企业和消费者对隐性主题的理解不同时,他们所表达的显性主题就会出现差异。

3.2.3 企业构建品牌主题的基础和来源

3.2.3.1 企业构建品牌主题的基础

"品牌树立的早期时代,主要是帮助顾客控制性能风险。常常通过围绕产品的核心功能下结论就能获得附加价值"[4],随着越来越多

---

[1] 保罗·谢弗著,许春山、朱邦俊译:《文化引导未来》,北京:社会文献出版社,2008,4:90。
[2] 同上。
[3] 同上。
[4] 西蒙·诺克斯、斯坦·马克兰著,李婧、马月才译:《价值竞争——在品牌价值和消费者价值之间架起桥梁》,北京:北京出版社,2001,1:12~13。

的竞争者利用先进生产技术提升了产品的核心功能,以产品和服务核心功能为主题的品牌越来越难以超越竞争。为了将自己的品牌同具有类似性能特征的竞争者的产品区别开来,企业开始"远离产品和服务的核心功能来增加价值",品牌主题转变为突出环绕核心功能的附加价值层,或者是"使产品容易购买或拿到"突出附加功能,或者强调"控制心理风险,以增强人们通过购物而产生的快乐感和成就感"[1]突出情感价值。从品牌的发展历史来看,正如美国营销大师米尔顿·科特勒所言,"品牌是顾客价值的保证",虽然品牌主题在历史的进程中发展变化着,但始终没有脱离顾客价值,相反每一次变化都使得品牌主题与顾客价值更紧密地契合。可见,顾客价值是品牌主题的基础。企业期望通过品牌主题来突出企业为顾客创造的区别于同类竞争者的特殊价值,以吸引顾客。

3.2.3.2 企业构建品牌主题的来源

从品牌主题的文化本质来看,企业构建品牌主题离不开企业品牌文化,而作为文化体系当中的一个子系统,品牌文化又离不开对其他文化的依托。根据品牌主题所依托的文化要素不同,可将品牌主题分为原创式主题和植入式主题。

由于原创式主题依托于抽象的、零散的文化元素,因此当企业将这些元素整合到企业品牌中时,消费者并不能对这些元素所体现的特殊性进行快速的识别和准确的联想,只有当消费者真正与企业、与企业产品或服务接触之后才有可能形成明确的区别于其他竞争者的主题认知。例如,青岛海景花园大酒店的"亲情一家人"品牌,对于没有住过该酒店的消费者来说,"亲情"虽然熟悉,但是放在这里看又显得抽象,而且很多饭店都在宣传时提到"亲情",因此,消费者很难马上产生某种价值联想,而只有当消费者阅读过其他消费者的入住感言,或者真正住过该饭店之后才能领会品牌主题的含义,在脑海中形成具象的亲情主题的认知。

---

[1] 西蒙·诺克斯、斯坦·马克兰著,李婧、马月才译:《价值竞争——在品牌价值和消费者价值之间架起桥梁》,北京:北京出版社,2001,1:12~13。

植入式主题与原创式主题不同，它依托于某一既有的文化概念，这一文化概念能够使消费者产生一系列的文化联想，当企业将这一文化概念融入企业品牌时，这一文化概念本身会唤起人们对概念背后丰富的文化内涵的联想，而品牌所表征的企业或产品本身则成了对这一文化概念的一种演绎。例如，拉斯维加斯的纽约纽约饭店，提到纽约，大部分消费者可能会想到自由女神像、林立的高楼、喧闹的街巷，当消费者真正近距离接触饭店时，发现这里是饭店，更是一个缩小版的纽约，于是，消费者对该饭店的认知与"纽约"这个文化概念最紧密地联系在一起，"纽约"成为这所饭店的主题。

事实上，从企业角度来讲，无论是依托于原创式主题还是依托于植入式主题，都是企业原创的品牌构建过程，原创式和植入式的区别是相对于消费者对品牌主题的感知而言的。原创式主题的构建虽然依托于消费者所熟悉的一些文化元素，但由于品牌主题是对这些文化元素进行重新组合和诠释之后形成的，因此对于消费者来说，这种品牌主题虽然可以从已有的知识背景中找到痕迹，但品牌主题本身是无法脱离该品牌而存在的。植入式主题的构建直接依托于消费者所熟悉的某个鲜明的文化概念，这个文化概念由一系列文化要素所构成，品牌主题并不会对这些要素进行重构，而是在遵循文化概念本身内涵的基础上，将文化概念及其核心要素放入一个新的情境中，对这一文化概念进行深入的演绎。因此，对于消费者来说，这种品牌主题不仅可以从已有的知识背景中找到主题原型，而且固有的主题原型会成为消费者识别品牌主题的标准。

第三节 主题饭店的内涵界定

根据前一节的分析，在商业市场领域，品牌是信息主题化的表征。对于饭店企业来说，创建一个品牌饭店的本质就是要建立一个有着鲜明的能够与竞争者相区别的主题的饭店。对于饭店的顾客来说，品牌饭店就是一个能够使顾客的感知统一于品牌主题之下的饭店。可见，从品牌的主题内涵来说，一个饭店品牌就代表着一个主题，品牌饭店就是主题饭店。但是，与主题饭店作为专有名词的实践认知相比较，这种认识显然是广义的，是需要进一步深入剖析的。

3.3.1 品牌与主题饭店

3.3.1.1 植入式品牌主题构建与主题饭店

根据构建品牌主题时所依托的不同文化要素，前文对品牌主题的来源作了原创式与植入式的区分。对于饭店企业来说，饭店品牌亦可以被划分为基于原创式主题的饭店品牌和基于植入式主题的饭店品牌。这两种品牌构建过程将直接影响顾客对饭店品牌主题的认知。如图 3.1 所示，顾客对饭店品牌主题的认知既依赖于顾客对饭店产品及服务的体验，也依赖于顾客本身所具有的与饭店品牌主题相关的知识背景。顾客会根据自己的知识背景和文化储备对所获得的饭店信息进行整合，进而形成品牌主题的认知。

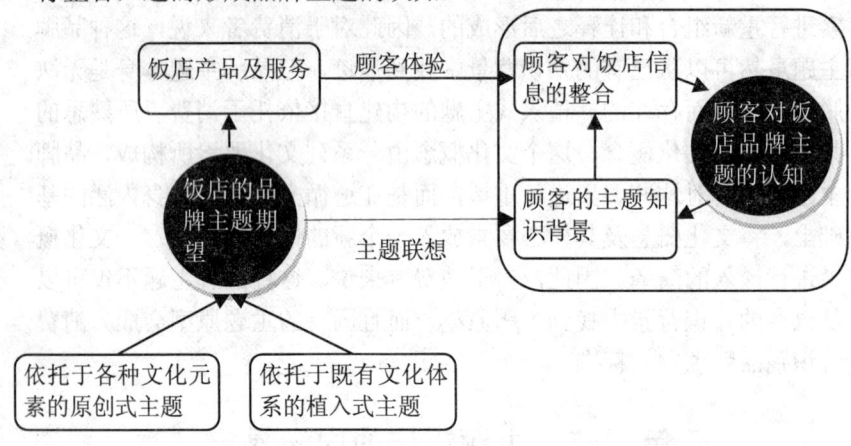

图 3.1 顾客对饭店品牌主题的认知图

资料来源：作者整理。

比较两种饭店品牌，原创式品牌主题只是依托于零散的文化元素，而植入式品牌主题是依托于某个鲜明的文化主题。因此，从植入式品牌主题的优势来看，一方面，在饭店宣称的品牌主题本身所产生的主题性联想方面，植入式主题优于原创式主题，顾客可以从饭店之外围绕植入式主题的原型联想到一系列成体系的文化元素；另一方面，在顾客对饭店信息的系统整合方面，植入式主题优于原创式主题，由于顾客对植入式主题原型的认知，顾客能够以主题原型的系统要素为参照，对饭店信息进行围绕主题的整合。基于这两方面的优势，植入式品牌主题能够使饭店在创造出依托于饭店硬件与软件的功能价值、情感价值、便利价值之外，创造出新的依托于某个文化概念、又以饭店为媒介的新型价值。从植入式品牌主题的劣势来看，系统的文化体系和鲜明的文化概念既给品牌带来了明确的指向，也带来了更多的限制，因为植入式主题的原型是于长期的文化发展过程中形成的，对于饭店品牌来说是既定的，顾客会根据主题原型对品牌主题的实在性进行判断，脱离主题原型的创新甚至可能受到"伪主题"的批判。相反，原创式品牌主题则不会受到如此严格的限制。

从饭店品牌的实践发展来看，基于原创式主题的品牌构建是饭店传统的、最常使用的品牌构建方式：饭店通过寻找吸引顾客的文化元素，将这些文化元素组合到自己的饭店产品中，形成饭店的品牌主题。基于植入式主题的品牌构建则是一种比较新型的方式：饭店通过寻找吸引顾客的文化概念，围绕该文化概念对饭店产品进行设计，使饭店与该文化概念紧密关联，从而使该文化概念成为饭店的品牌主题。虽然从品牌的主题内涵来看，品牌饭店就是主题饭店，但从作为专有名词的"主题饭店"的实践起源来看，主题饭店仅限于那些基于植入式主题构建的品牌饭店。

3.3.1.2 品牌主题的文化本质和主题饭店

品牌主题的文化本质决定了主题饭店的文化渊源，基于植入式主题的品牌构建过程首先要从既有的为顾客所熟悉的文化体系中找到可植入的文化主题。秦浩、孟清超（2004）根据主题类型将主题饭店分为自然风光饭店、历史文化饭店、城市特色饭店、名人文化饭店和传说科幻饭店等。陈文娟（2007）的分类基本与此相同，只是相对传说科幻类来说，她更关注艺术特色主题饭店。刘韬（2005）在其硕士论文中根据文化根源将主题饭店分为以舶来文化为主题的饭店和以本土文化为主题的饭店；又根据主题文化的类型将主题饭店划分为历史年代类主题饭店、民族文化类主题饭店、音乐类主题饭店、体育类主题饭店、城市特色类主题饭店、名人文化类主题饭店，而将非文化类主题饭店分为自然风光型主题饭店、特种资源型主题饭店。彭雪莹（2006）根据主题类型的不同将主题饭店分为原生型主题饭店（依附特种资源的文化主题饭店）和创造型主题饭店。其中，原生型主题饭店包括依附自然资源的文化主题饭店（如茶文化主题饭店、石文化主题饭店、温泉文化主题饭店）和依附人文资源的文化主题饭店（如历史文化主题饭店、城市文化主题饭店、名人文化主题饭店）；创造型主题饭店包括自创型主题饭店（如迪斯尼主题饭店）和再创型主题饭店（如深圳的威尼斯主题饭店）。兰开锋和陈刚（2008）则从设计的角度出发，认为主题饭店分为强调地域性的依托传统风格设计、突出自成一体的依托主题公园风格的设计、依托主题神话传说设计和对经典建筑及文化的重新诠释四种主题类型。

可见，从主题的内容来看，学者们只能对其进行概略的分类，大部分学者都承认一些主题饭店的主题是介于他们的分类之间的，而且由于主题概念本身是相对动态的，因此，他们的分类并没有办法穷尽所有可能的主题。尽管如此，根据文化的整体定义，文化是"与人们看待和解释世界、把自己组织起来、处理自身的事务、提高和丰富生活以及在世界上定位自身等有关的有机的和动态的整体"[1]，可以将学者们的研究结果归纳为多个文化领域，从中寻找可植入的文化主题：生态文化领域，艺术文化领域，宗教和历史文化领域，民族和地域文化领域，科技文化领域，其他社会文化领域等。

3.3.1.3 顾客价值与主题饭店

从表面看，主题饭店与其他饭店的区别是品牌构建所依托的文化要素的差别，而实际上则是顾客价值创新的差别，因为顾客价值是品

---

[1] 保罗·谢弗著，许春山、朱邦俊译：《文化引导未来》，北京：社会文献出版社，2008，4：51。

牌主题的基础,主题饭店要能够创造出新的顾客价值。基于植入式品牌主题的价值创新优势,主题饭店不仅要能够通过产品功能、服务技能、服务态度为顾客创造常规价值,而且要能够通过某一文化主题与饭店各种要素的结合,在增加顾客常规价值感知的同时,为顾客创造出新型的依托于文化主题的价值。而且,因为顾客是顾客价值和品牌主题的最终裁判者,所以主题饭店也应该由顾客来最终评判,饭店企业只能影响主题饭店的构建过程,却无法成为主题饭店的最终评判者,饭店企业可以表达企业所追求的"主题",但真正决定饭店命运的是顾客所认知的"主题"。

3.3.2 主题饭店的定义

根据前文对主题饭店内涵渊源的剖析,笔者认为,虽然从主题内涵来分析,可以认为品牌饭店就是主题饭店,但从主题饭店的学术价值与实践意义出发,应该从三个方面对主题饭店进行定义:

首先,从主题的选择上来说,主题是成熟的独立的文化概念,该主题独立于主题饭店之外,有着成体系且专属于该主题的文化元素。

其次,从主题饭店的形式和内容上来说,主题饭店是主题元素与饭店功能要素的融合,而且融合的方式尊重主题本身的内涵。

最后,从结果,即顾客体验来说,主题饭店不仅在保障顾客获得饭店基本功能的过程中让顾客感受到主题文化的氛围,而且使顾客在基本功能之外对主题的文化内涵与相关知识有了进一步的了解,使顾客价值在精神价值层次上得到提升。

以上三点是构成主题饭店的三个基本条件,笔者在描述这三个条件时只作了定性的规定,而没有在程度上进行限定,主要是出于两方面原因的考虑:第一,文化主题的挖掘和培育是没有极限的,对于一个主题饭店来说,主题与饭店的融合会在发展的过程中得到不断深化,很难一蹴而就;第二,主题饭店本身就属于市场竞争中的创新,而文化本身也需要在创新中获得生机,因此某种机械的限定可能会限制主题饭店的发展。

第四节 主题饭店与相关概念的辨析

文化主题饭店、特色饭店、精品饭店是实践中容易与主题饭店混淆的三个概念,本节将对主题饭店与这些概念进行辨析。

3.4.1 主题饭店与文化主题饭店

主题饭店的文化本质(魏小安,2005;徐菊凤,2005;郭松林,2005)是建立在文化的整体定义之上的,而不局限于文化的历史概念、艺术概念等狭义概念,因此,主题饭店就是文化主题饭店。

在对主题饭店的表述中,之所以我们国家的学者和企业界人士较西方更着重强调主题的文化性,一方面是源于对主题本质的强调,另一方面也是源于我们国家较主题饭店发源地拥有更丰富的历史文化。因此当我们在中国研究和发展主题饭店时就不应该局限于美国主题饭店所依托的文化类型,而应该依托于中国所特有的文化体系,寻找有竞争力的文化主题。正是基于这样的考虑,我国很多学者都对中国历史文化给予了特别的关注。甚至有些学者提出主题饭店的主题应该限定于当地的特定历史文化(郭雅婷、余炳炎,2005;李原,2005),这种认识显然是以文化的历史概念为基础的,虽然从国家层面来比较,历史文化在我国具有较为鲜明的优势,但如果把主题饭店研究、把主题饭店在我国的发展局限于历史文化主题,将极大地低估主题饭店的价值。因此,主题饭店就是文化主题饭店,是基于文化整体概念认识基础上的文化主题饭店。

3.4.2 主题饭店与特色饭店

特色饭店是一个具有相对意义的描述性词汇,并不是一个科学概念。只要某个饭店能够在某些方面区别于市场中的大部分饭店,给顾客带来某种新的体验和价值,该饭店就可以在一段时间内被称为特色饭店,随着时间的推移,当这种饭店的特色之处变成更多饭店的共性时,该饭店便不再是特色饭店。由于主题饭店能够创造新的顾客价值,因此每一个主题饭店都可以被称为特色饭店。但是,特色饭店却不一定是主题饭店。一般的特色饭店所创造的特色价值会随着时间的推移而贬值,而好的主题饭店则会随着时间的推移完成文化的积淀,使主题日益深刻和鲜明,进而使主题所承载的特色价值不断增值。

3.4.3 主题饭店与精品饭店

美国精品饭店的管理泰斗依艾恩·希拉格指出:精品饭店仅指那种具有一个鲜明的与众不同的文化理念内涵的饭店。被誉为"冰岛第一精品饭店"的 101 饭店(101 HOTEL)总经理 Kobrun Vidisdottir 认为精品饭店有四个要素:规模、氛围、服务和主题。国际著名订房中心 UTELL 将精品饭店的要素归纳为规模、服务和个性三个方面。我国学者戴斌给精品饭店下的描述性定义是"规模相对较小,能提供有吸引力的服务,以较高的价格服务于特定的顾客群体"。前文对品牌主题来源进行了区分,但是对于精品饭店来说,它既可能属于基于原创式主题构建的饭店,也可能属于基于植入式主题构建的饭店。它与其他饭店最关键的区别就是以很小的一部分特定群体为服务对象,或者依托特定群体感兴趣的文化元素构建原创式主题,或者依托特定群体感兴趣的文化概念创建植入式主题。因此精品饭店有可能是主题饭店,但并不必然是主题饭店。

第四章 主题饭店竞争优势形成的模型建构——基于典型案例的比较分析

在中国,主题饭店的成功案例在日益壮大的追逐主题饭店市场价值的队伍中还只是凤毛麟角,而且已经获得的成功仅仅是摸索过程中所取得的阶段性成果。大部分饭店只是看到了"主题饭店"这个名词在国内外结出的硕果,对于其真正的竞争优势却如雾里看花,似懂非懂。于是,被誉为"主题饭店之都"的拉斯维加斯是很多饭店业主心中的"圣地",国内第一家主题饭店诞生地、同时也是目前拥有主题饭店较多的城市——成都成为很多主题饭店开发者们考察的必去之地。可遗憾的是,关于这些典型主题饭店的深入研究非常匮乏,业界对成功经验的学习缺乏理论的指导,尚停留在"依葫芦画瓢"的阶段。本章将就主题饭店的竞争优势,从顾客价值创新的角度,对拉斯维加斯主题饭店、成都主题饭店的一些典型案例进行比较和分析,以期归纳和提炼出形成主题饭店竞争优势的关键要素,建构主题饭店竞争优势的形成模型。

第一节 比较分析的工具

本节将为后文比较研究的开展提供分析工具,包括确定比较主题、内容,明确比较对象。

4.1.1 比较主题和比较内容的确定

4.1.1.1 比较主题的确定

既然顾客价值创新是企业竞争优势的直接来源，要探求主题饭店竞争优势形成的关键因素，就需要了解主题饭店在顾客价值创新方面的能力。但同时，由于主题饭店是一种尚处在摸索发展过程中的新兴饭店类型，所以通过比较实践中不同主题饭店的顾客价值创新状况来归纳和提炼主题饭店竞争优势形成的关键因素并进而建构主题饭店竞争优势的形成模型将更有公信力。

4.1.1.2 比较内容的确定

饭店企业自身、顾客、竞争者是饭店顾客价值创新的直接利益相关者，本研究将分别从顾客的角度、饭店的角度、饭店竞争者的角度选取比较内容对顾客价值创新状况进行比较。

4.1.1.2.1 顾客价值创新的内容

顾客是顾客价值创新的最终评判者，因此顾客所获得的新的价值利得是主题饭店创新顾客价值最直观的证明。顾客价值创新的内容就是指主题饭店为顾客创造的新的价值内容。

4.1.1.2.2 顾客价值创新的基础

顾客对创新价值的体验依托于主题饭店本身一系列产品和服务的改进与创新，主题饭店的这些变化构成了顾客价值创新的基础。

4.1.1.2.3 顾客价值创新的持续性

创新是顾客价值创新的重要价值来源，一旦创新被竞争者模仿，创新所带来的效益就会受到威胁甚至被彻底侵蚀，因此顾客价值创新的持续性也是顾客价值创新状况的衡量内容。

4.1.2 比较对象的确定

拉斯维加斯是世界公认的主题饭店之都，该城市拥有近二十家主题饭店，而且大部分都集中分布在该城市的核心区域。成都是我国主题饭店发展较早且较快的城市，也是目前我国拥有主题饭店最多的城市。一方面，两座城市的主题饭店分别代表了中外比较先进的主题饭店发展状况,这就使二者的比较为探求主题饭店竞争优势形成的关键要素提供了非常有力的实践佐证;另一方面,两座城市主题饭店的兴起分别处于不同的历史阶段,拉斯维加斯主题饭店的出现要早成都近四十年,而且目前也处于不同的成长阶段,因此两座城市主题饭店的发展必然存在着某些显著的差异,这就使二者的比较为探求主题饭店竞争优势形成的关键要素提供了非常有价值的实践支撑。所以,本章将以拉斯维加斯的主题饭店和成都的主题饭店为比较对象,比较其在顾客价值创新方面的异同。

4.1.2.1 拉斯维加斯的主题饭店

拉斯维加斯目前仍在经营的主题饭店有近二十家(如表 4.1 所示),而且几乎每家主题饭店都有十年以上的店史,甚至有的已有二三十年的发展历程,可以说每一家主题饭店在顾客价值创新方面都有可借鉴的地方。

表 4.1 拉斯维加斯主题饭店及开业时间

饭店	Caesars Palace 凯萨皇宫	Circus Circus 马戏团	Mirage 海市蜃楼	Excalibur 神剑	Rio 里约	MGM Grand 米高梅	Luxor 卢克索	Treasure Island 金银岛
时间	1966	1972	1989	1990	1990	1993	1993	1993
饭店	Monte Carlo 蒙特卡洛	Hard Rock 硬石	New York New York 纽约纽约	Bellagio 百乐宫	Paris 巴黎	Venetian 威尼斯人	Mandalay Bay 曼德列湾	Planet Hollywood 好莱坞星球
时间	1995	1995	1997	1998	1999	1999	1999	2000

资料来源:拉斯维加斯官方网站,http://www.visitlasvegas.com/vegas/features/history/index.jsp。

4.1.2.2 成都的主题饭店

从数量上来说,成都是我国目前拥有主题饭店最多的城市,拥有鹤翔山庄、京川宾馆、西藏饭店、成都天辰楼宾馆、芙蓉丽庭饭店等主题饭店,但是从发展水平上来说,由于发展历史较短,一些主题饭店还处于跟风和初创阶段，因此可借鉴性有限。所以，本章将选取鹤翔山庄和西藏饭店这两家发展历史较长（接近十年）、经营优势明显的主题饭店作为成都主题饭店的典型代表，归纳成都主题饭店在顾客价值创新方面的表现。

第二节 拉斯维加斯主题饭店的顾客价值创新剖析

被市场所广泛认可的"主题饭店之都"——拉斯维加斯的主题饭店已经成为一种城市现象，这里的主题饭店所拥有的相对较为成功的历史与成熟的模式成为研究主题饭店不可或缺的经验性案例。

4.2.1 顾客价值创新的内容

1966年凯萨皇宫的开业，改变了以往拉斯维加斯赌场饭店吸引低档赌徒的市场定位，为顾客创造了古罗马贵族般的生活体验，营造了舒适奢华的食宿和娱乐环境，提供了尊贵的服务，从而吸引了那些寻求奢华的高级赌客。1972年马戏团博彩公司在马戏团游乐场和赌场的基础上增加了客房，这种将儿童游乐设施和各种儿童服务设施融入赌场饭店的做法，为有孩子的父母提供了方便，使他们于博彩中获得乐趣的同时，也让孩子获得了乐趣，因此吸引了家庭市场。之后，马戏团博彩公司又兴建了神剑和卢克索两家主题饭店。这两家主题饭店不仅围绕特别的主题进行了独特的设计，而且有独特的娱乐设施，进一步扩大了对家庭旅游市场的吸引。1989年海市蜃楼出现，该饭店在提供食宿、博彩功能的基础上从视觉、听觉、味觉等诸多方面为顾客创造了全新的休闲娱乐内容，吸引了越来越多的不以赌博为主要目的的休闲观光市场。但是，到90年代中后期，拉斯维加斯主题饭店的竞争变得乏力。海市蜃楼和神剑曾经使拉斯维加斯的游客在一年内增长30%，卢克索、米高梅和金银岛饭店的开业也曾经带来20%的游客增长率，但是蒙特卡洛、纽约纽约等主题饭店的兴建却未带来同样的增长，相反，激烈的竞争使主题饭店的房价和出租率出现了下滑。此时，会展业的专家艾德森看到了商务会议市场的前景，以意大利水城威尼斯为主题创建了侧重关注会展市场的威尼斯人大饭店，解决了拉斯维加斯饭店普遍存在的在每周工作日出租率低的问题。

可见，拉斯维加斯的主题饭店之所以成功，是因为饭店围绕着目标市场的需求创造了区别于其他竞争者的顾客价值。主题的引入使拉斯维加斯的饭店掌握了创造市场的主动性。一般来说，饭店的市场类型直接取决于饭店所在地的旅游经济发展情况，而拉斯维加斯的主题饭店创建者们则没有禁锢于拉斯维加斯单一的赌博市场，通过引入主题，将饭店本身变成了旅游吸引物，进而以这个旅游吸引物为依托又对住宿、娱乐、餐饮、购物、会展设施进行了开发，从而使饭店所创造的顾客价值超越了一般的饭店，也超越了原始的赌场饭店，将饭店变成了一个集食、住、游、购、娱一体的旅游区，从而既为自己开辟了新的市场，也扩大了原有市场。

4.2.2 顾客价值创新的基础

为了扩大饭店本身对旅游市场的吸引力，拉斯维加斯的饭店投资者们首先选择了为市场所向往的文化主题，主要集中于神秘古老的文化（如凯萨皇宫以古罗马文化为主题，神剑以中世纪欧洲文化为主题，卢克索以古埃及文化为主题等）和现代浪漫的文化（如纽约纽约、巴黎、威尼斯人、百乐宫都是以现代城市为主题）。

这些文化大部分都有着鲜明、为大众所熟悉且雅俗共赏的文化表征物，如古罗马文化中的白色大理石雕塑和喷泉、古埃及文化中的金字塔和狮身人面像、中世纪文化中的尖顶式古堡、纽约的自由女神像和曼哈顿区、巴黎的埃菲尔铁塔、威尼斯的运河和拱桥等。虽然每一种文化的内容都是非常丰富的，但是这些鲜明的地标性建筑物无疑成了那些希望将自己塑造成为旅游吸引物的主题饭店最可靠的选择，它们为饭店贴上了最直观的且极具鲜明特色的标签。因此，从拉斯维加斯主题饭店的建筑外观和入口设计来看，大部分都具有极其鲜明的主题特征，使顾客第一眼看到饭店就感觉与众不同，同时这种独特性对客人来说又似曾相识，故而多了亲切感和好奇心，从而增加了主题饭店的吸引力。

如果说拉斯维加斯主题饭店外观对顾客具有吸引力，那么饭店内部的设计与装饰给顾客带去的是更强的感官冲击力，甚至会让顾客忘记自己是在一家饭店。此外，一些主题饭店还通过设计宏大、独特的表演（如海市蜃楼饭店的火山喷发表演、金银岛的海盗大战等），或者是建立博物馆（如卢克索饭店按 1:1 比例复制的法老墓室）、设计主题游戏等来吸引顾客。

可见，虽然拉斯维加斯的主题饭店较其他饭店创造了一些新的顾客价值，但这些顾客价值为市场所接受要归因于饭店对主题所依托文化的标志性器物的模仿与大型主题娱乐项目的设计。主题饭店通过极具震撼性的主题化建筑设计和娱乐项目，使主题饭店变成了一个旅游吸引物，这个旅游吸引物之所以有吸引力不在于它生动地诠释了那个主题的文化内涵，而在于饭店与主题相结合，饭店对主题的演绎引起了人们的好奇，饭店利用现代科技的创造能力和惊人的模仿能力让人们震撼，饭店依托于主题所进行的设计让人们的体验更觉新鲜有趣。凯萨皇宫、卢克索、威尼斯人是拉斯维加斯于不同历史时期开业、面向不同目标市场的三家典型的主题饭店，表 4.2 较为详尽地列出了这三家主题饭店与主题直接相关的饭店要素，可由此窥一斑而知全豹，更直观地了解拉斯维加斯主题饭店价值创新的基础。

表 4.2 与主题直接相关的饭店要素

	凯萨皇宫	卢克索	威尼斯人
开业时间	1966	1993	1999
新市场	追求奢华的高级赌客	家庭旅游市场	会议市场
主题选择	选择了对美国和欧洲价值观都有着重要影响的罗马文化作为饭店主题，以同时吸引美国和欧洲客人。饭店名字特别注意用了"Caesars"，而不是"Caesar's"，意指每一位来住店的客人都是"凯萨大帝"，这个皇宫是每一位客人的皇宫	以古埃及文明为主题，由于卢克索是拥有最多古埃及历史遗迹的城市，是世界上最大的露天博物馆，尼罗河穿城而过，因此饭店名称选择了"Luxor"	以威尼斯的吉祥物飞狮为饭店标志，象征着威尼斯的守护神圣马可

续表

	凯萨皇宫	卢克索	威尼斯人
饭店外观	饭店建筑完全仿照古罗马宫殿式建筑风格建造，外立面采用白色大理石。饭店门前，将一长排喷泉和雕塑设置在饭店正门口，停车场分布在两侧，改善了传统停车场位于饭店正前方给客人带来的不好的视觉感受。饭店内外到处可见典型的古罗马雕塑，仗剑的卫士和龙尾骏马雕像分散在四周，正面大门外的圆形宫殿顶上，凯萨大帝坐在战车上，扬手挥鞭，睥睨世界	整个饭店由一幢30层楼高、全黑色玻璃覆盖的金字塔外形的建筑和两座阶梯形高楼组成。金字塔是永恒之光的象征，入夜后以顶端315000瓦强大灯光直射云霄。门前有一座巨大的狮身人面像，两侧是护卫的木乃伊雕像	马路边根据威尼斯古桥（里亚托桥）设计的自动步道将客人从街道上带过威尼斯标志性建筑塔楼，直接引入购物区。整个饭店外有河环绕，直通饭店内部的商业街。饭店入口处立有两根高大的柱子，完全仿照威尼斯圣马可广场入口处的原型建造
饭店内部	整个设计威严而庄重	酒店每一块砖上都有截然不同的法老王雕刻	室内采用与威尼斯总督府完全一样的大理石，精致的浮雕和名画随处可见
饭店内部	圆形柱子、精致的雕塑、精美的壁画、大大小小的喷泉等古罗马的标志性元素在饭店随处可见	一进大堂，就可以看见两座巨型金色法老雕像，灯光幽暗，古画铺陈 服务员身着古埃及装束	威尼斯圣马可广场著名的建筑都在此被重建，威尼斯市政厅广场的一些著名雕像也在此重现
	客房浴室采用全大理石设计	客房全都嵌在四周的墙面里，电梯呈39度斜面上升 房间以古埃及风格为主	为了反映意大利人爱洗澡的习惯，浴室面积占套房面积的近1/5
饭店内部	设有凯萨皇宫购物中心，以在古罗马购物为主题进行设计和装饰，购物中心的屋顶会根据时间变化呈现出各种天空景观，使人仿佛置身古罗马街头。购物中心有罗马式喷泉，定时有喷泉秀	饭店二楼有一个埃及图坦卡门法老王的墓室博物馆，仿照的是1922年Howard Carter首次在埃及发现的古墓，按1∶1的大小仿建，内有仿制的金箔	饭店二楼被一幅偌大的蓝天白云天幕所覆盖，蓝天白云下沿着1200英尺的人造运河与石板路修建的各种威尼斯建筑风格的商店、餐

续表

	凯萨皇宫	卢克索	威尼斯人
饭店内部	男服务员装扮成罗马战士,女服务员身着罗马式短裙	衣、面具等法老遗物,大小及摆设都尽量还原真实,有 15 分钟长的解说录音伴游	厅、露天舞台、酒吧,运河中有数支贡多拉船,船夫多为意大利人及其他外籍人士,他们身着意式服装,均会唱一些意大利歌曲
	饭店小册子和名片的颜色古朴,边缘被处理成好像被烧过的残缺图案		
	桌上的用品采用类似羊皮纸的原料制作	建有展现尼罗河风情的立体电影院,有立体虚拟游戏、主题互动游戏	室内的购物街上有活雕塑、杂耍者、小丑与游人互动,运河中有船夫为游人歌唱

资料来源:作者整理。

4.2.3　顾客价值创新的持续性分析

4.2.3.1　主题饭店新建停滞

从新建主题饭店的热情来看,20 世纪八九十年代是主题饭店诞生的高峰期,今天在拉斯维加斯所看到的主题饭店都于 20 世纪诞生的。进入 21 世纪后,拉斯维加斯的饭店数量仍然在高速增长(见图 4.1),但是主题饭店的增长却基本陷入停滞状态。饭店业主们把兴趣由打造特色主题转向了对现代、奢华的追求。有着拉斯维加斯"主题饭店之父"之称的史蒂夫·韦恩在连续创建海市蜃楼、金银岛、百乐宫三家主题饭店之后,将它们全部出手,又于 2005 年建成了一家巨型饭店永利拉斯维加斯(Wynn Las Vegas)。这家饭店没有了明确的主题,但是却保留了当年韦恩在创建主题饭店时同样的目标——从住宿、娱乐等方面给顾客创造梦寐以求的体验,只不过这一次不是通过某个主题,而是一种极致的奢华。此外,韦恩又于 2009 年耗资 23 亿美元在永利拉斯维加斯旁边兴建了一家更加豪华的非主题饭店,此饭店与 Wynn 无缝连接,共同为顾客提供极致奢华的体验。

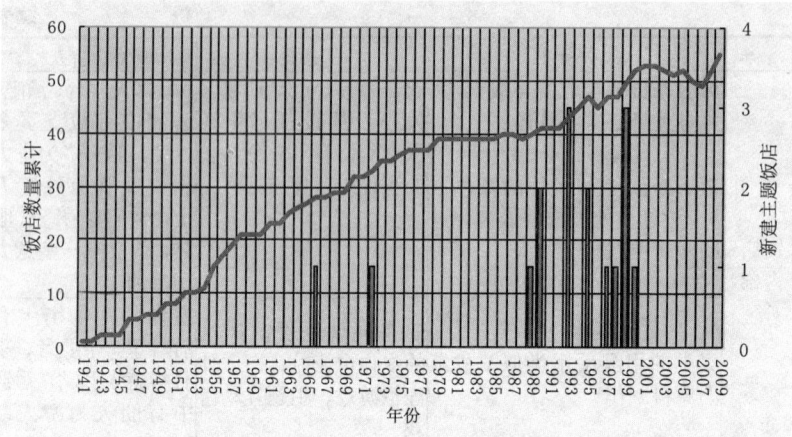

图 4.1　拉斯维加斯的饭店数量变化及历年主题饭店开业数量图

资料来源：根据 http://www.visitlasvegas.com/vegas/features/history/index.jsp 中的数据绘制。

4.2.3.2　主题饭店在位调整

从在位的主题饭店来看，一些去主题的整修计划正在进行。经过几轮并购交易，目前，米高梅幻影公司在拉斯维加斯拥有最多的主题饭店，包括：马戏团饭店、海市蜃楼大饭店、神剑饭店、米高梅大饭店、金银岛饭店、蒙特卡洛大饭店、金字塔饭店、纽约纽约饭店、百乐宫饭店、曼德列湾大饭店等 10 家主题饭店。2007 年，米高梅为金字塔饭店制定了 3 亿美元的去主题计划，虽然金字塔的名称和店外法老像仍然保留，但是内部埃及风格的装饰都要被去除和重新设计。此外，纽约纽约饭店内部也在进行全面的革新，主题被淡化，而更加强调其品位和档次。可见，这些主题饭店正在变成"没有芝士的三明治"，尽管如此，金字塔饭店总经理菲力士（Felix Rappaport）解释说，"拉斯维加斯是一个典型的模仿盛行的例子，当人们建立主题饭店并且取得成功时，其他人也会这样去做"[1]。

---

[1] Sonya Padgett. World just got smaller: curtains drop on themed hotel-casinos. Las Vegas review-journal, 2008,9,28.

可见，在拉斯维加斯，虽然主题曾经是饭店区别于竞争者的主要吸引物，但是，一方面，由于这种创造吸引物的方式极容易被复制，任何一个有吸引力的主题概念都可以通过高超的建筑艺术技艺变成一个极具特色的主题饭店；另一方面，由于这种吸引物本身所包含的顾客价值极容易被复制，好奇心、震撼力、新鲜感的创造完全可以由另一种有创意的非植入式主题的新事物所代替，正如内华达大学的大卫（Dave Hickey）教授所言，"不需要更好，只需要创新"[2]。因此，当很多主题出现时，当替代品出现时（如以奢华著称的永利拉斯维加斯），拉斯维加斯主题饭店的持续创新能力受到了考验。

第三节　成都主题饭店的顾客价值创新剖析

成都既是我国第一家主题饭店鹤翔山庄的诞生地，也是目前我国主题饭店兴起最多的城市，包括鹤翔山庄（以道文化为主题）、京川宾馆（以三国文化为主题）、西藏饭店（以西藏文化为主题）、成都天辰楼宾馆（以杜甫文化为主题）、芙蓉丽庭饭店（以芙蓉文化为主题）等，本节将以我国第一家主题饭店鹤翔山庄和星级最高的主题饭店西藏饭店（五星级）为代表分析中国本土发展起来的主题饭店在顾客价值创新方面的表现。

4.3.1　顾客价值创新的内容

主题饭店鹤翔山庄的前身是一家经营失败被摘二星的招待所，尽管如此，它还是给后来的鹤翔山庄留下了最宝贵的财富——坐落于青城山下千年古道观长生宫遗址之上的地理位置。1996年，新任总经理安茂成先生正是看到了这一资源的市场潜力，通过对其市场价值的充分挖掘，开启了以道家文化为主题的主题饭店的创建过程。从饭店内外的设计，到兼具文化欣赏与购物功能的青城根雕艺术馆，到依托道

---

[2] Sonya Padgett. World just got smaller: curtains drop on themed hotel-casinos. Las Vegas review-journal, 2008, 9, 28.

家传统养生秘笈的养生宴及宴席流程的开发，到千年古茶青城道茶的研制，再到道家养生功法的开发，鹤翔山庄围绕着道家文化进行了一系列创新，不仅使入住客人获得了与其他饭店不同的视觉体验，而且使其体验到了一种全新的遵循于道家文化的生活方式。其结果是，鹤翔山庄不仅扩大了传统的度假和商务会议市场，而且吸引了华商书院、北大商儒等新型修学旅游市场，并进一步将道家经典的讲授融入了饭店的产品内容中。从 1997 年到 2007 年，鹤翔山庄全年平均入住率高于当地行业平均水平 1 倍以上，最高入住率达 100%。2002 年时山庄总收入是 520 万元，到 2007 年达到 1220 万元，年均增长率达到 20%。

西藏饭店的前身是 1956 年成立的西藏自治区驻成都办事处第一招待所，主要承担全国各地进、出藏干部接待任务。1988 年原招待所拆除重建后正式更名为西藏饭店。后又经过 1998～1999 年、2001～2002 年两次改造，在 2004 年被评为国家四星级旅游涉外饭店，到 2007 年 10 月，西藏饭店又通过了国家五星级评定。经过多年的建设和积累，西藏饭店不仅有红白黄三色构成的饭店外观，有充满西藏文化元素的室内设计和装饰（如藏式壁毯、转经筒灯、羊皮灯罩、玛尼石等），而且还开发了兼具藏式歌舞与美味藏餐的雪域贵族宴，研制了用西藏特有牦牛肉做原料的红宫手撕牛肉。西藏饭店内设计了兼具欣赏与购物功能的西藏印象文化购物长廊，从长廊的设计到物品的选择和陈列无不体现了西藏文化。此外，西藏饭店每晚 8 时都有名为"欢乐时光"的表演，藏族姑娘提着装有蜡烛的长铜杆，悠然地点燃架子上 28 盏酥油灯，一边演唱西藏民歌一边给客人敬上青稞酒、糌粑和藏茶，不时还会与在场的客人跳起美妙的锅庄，共享雪域的欢乐。2002 年到 2007 年，西藏饭店收入保持持续增长，从 2790 万元增长到 8000 万元，年均增长率达到 31%，而且 2006 年、2007 年、2008 年连续三年被评为"四川省最佳商务饭店"[1]。

鹤翔山庄与西藏饭店是两家不同主题的饭店，但是它们都深入挖掘了主题文化内涵，并且开发出了与主题相关、区别于其他饭店且能

---

[1] 此称号由《华西都市报》与《亚洲度假酒店》杂志主办的评选活动授予。

更好地满足顾客需求的产品（如表4.3所示），这些产品不仅使顾客能够在全新的感官体验下享受饭店的传统功能，提升饭店为顾客创造的基本功能价值，而且能够使顾客于饭店的生活中自然地体验到主题文化的不同构面，为顾客创造全新的文化价值。

表4.3 鹤翔山庄与西藏饭店的主题产品

	鹤翔山庄	西藏饭店
住宿	道家风格的感官设计	西藏风格的感官设计
饮食	长生宴	雪域贵族宴
	青城道茶	红宫手撕牛肉
欣赏与购物	青城根雕馆	西藏印象文化购物长廊藏饰、藏茶、藏药、西藏相关图书音像制品、玛尼石、佛生像等
文化互动	道家养生系列产品，涉及道家养生专题讲座、道家五行素席、道家养生秘诀、道家太素脉诊、虹膜检测、易经解惑等	"欢乐时光"西藏歌舞表演

资料来源：作者整理。

4.3.2 顾客价值创新的基础

在鹤翔山庄与西藏饭店的主题元素中，很少能看到对大型主题代表性器物的高仿真再现，但是却总能从一些小的元素与符号中感受到主题的氛围，如鹤翔山庄大堂地面上的太极图、前台后面的百鹤图、客房门庭前悬挂的"珍楠藏碧落，白鹭逛青城"对联、房间内绣着"寿"字的布草和古朴的家具、书架上摆放的《道德经》等，又如西藏饭店大堂地面上的酥油花图案、墙上西藏风格的挂毯、大堂吧用玛尼石设计的箴言和关于西藏的各种图书、房间内上窄下宽的家具设计以及转经筒式样的灯、电梯内羊皮质地的靠背等。饭店内不仅有这些满足视觉感观的主题元素，而且还有可供顾客进行品尝和欣赏的主题餐饮文化和其他艺术文化，如鹤翔山庄依托道家传统秘籍开发的长生宴于

2002年接受"中国名宴"授牌，西藏饭店开发设计的雪域贵族宴参加2002年全国烹饪比赛获"中华名宴"殊荣。此外，饭店内还有可以让顾客带走以持续享用的主题元素，如鹤翔山庄的青城道茶和根雕、西藏饭店的红宫手撕牛肉以及多种西藏特产等。尤其值得一提的是鹤翔山庄围绕道家养生所设计的长生宴、太极养生功法以及"一日道"、"两日道"、"三日道"、"七日道"等系列养生度假产品，不仅让顾客在饭店收获全新的住宿体验，而且还向顾客传递了一种新的健康的生活方式，使顾客收获的价值不再仅仅局限于有限的饭店空间和短暂的住宿期间。

可见，中国主题饭店能够创造出为市场所认可的新型价值就在于主题饭店对主题进行了深入系统的演绎，这种系统性既体现为对主题本身内涵的系统挖掘，又体现为主题在饭店生活中的全面渗透，使顾客的饭店生活因主题而变得精彩，也使主题对顾客的价值和意义因饭店而变得鲜活。

4.3.3 顾客价值创新的持续性分析

鹤翔山庄与西藏饭店围绕特定主题的顾客价值创新都已经取得了很好的成绩，虽然这种价值创新是否代表着一种创新能力、是否能够给饭店带来持续的竞争优势尚未得到实践的检验。但是，从两家饭店自创建主题以来持续进行的开发新型顾客价值的实践来看，它们一直在不断地深化与扩展着自己所创造的顾客价值，客观上不断地增加着顾客价值被替代的难度。

鹤翔山庄的主题是道家文化，由于表征道家文化的符号、器物性元素较少，因此鹤翔山庄围绕道家文化中"道法自然"、"天人合一"的养生理念开发了一系列创造新型顾客价值的产品，如长生宴、青城道茶、养生度假产品等。西藏饭店的主题是西藏文化，饭店充分利用了西藏文化中丰富的符号与器物性元素对主题进行系统演绎。显然，与鹤翔山庄围绕主题内涵自主研发的主题元素相比，西藏饭店的符号与器物性元素更容易被模仿。但西藏饭店本身与西藏有着紧密的历史渊源，其创建之初的历史使命就是承担全国各地进、出藏干部接待任务，到今天仍然是隶属于西藏自治区政府的国有独资企业，员工不仅了解西藏，甚至很多是来自藏区。这些先天禀赋使西藏饭店本身与西藏文化有着不可割裂的紧密关系，也使西藏饭店本身成为西藏文化的一个鲜明表征物，因此，这一身份增加了复制西藏饭店价值的难度。

第四节 中外典型主题饭店顾客价值创新的比较分析

本节将对中外典型主题饭店的顾客价值创新状况进行对照比较，并对比较结果的差异进行深入的原因剖析，以期找到形成主题饭店可持续竞争优势的关键要素。

4.4.1 中外典型主题饭店顾客价值创新的比较结果

通过前文对美国拉斯维加斯和中国成都两地代表性主题饭店的分析不难发现，两地的主题饭店在顾客价值创新内容、基础、持续性三个方面都存在明显的差异（见表4.4）：在创新内容上，拉斯维加斯的主题饭店引入主题作为体现饭店娱乐性的引爆点，意在增加饭店的娱乐价值，而成都主题饭店则是引入主题作为体现饭店文化性的源泉，意在围绕主题创新饭店的文化价值；在创新的基础方面，拉斯维加斯的主题饭店追求外形仿真，通过高仿真制造视觉冲击，而成都主题饭店从外形上来说不具有拉斯维加斯主题饭店那样的视觉冲击力，但是注重对主题的系统演绎和神似效果；最后在价值创新的持续性方面，拉斯维加斯主题饭店创造的新型顾客价值较成都主题饭店更容易被复制。此外，顾客价值创新内容和基础的不同也就决定了新型顾客价值不同的培育过程，拉斯维加斯主题饭店的主题元素总是在饭店开业伊始昭然于世，而成都主题饭店的主题元素总是随着饭店的发展才日趋完善。

表 4.4 不同主题饭店价值创新比较

项目	拉斯维加斯主题饭店	成都主题饭店
顾客价值创新内容	依托主题,增加饭店娱乐性	围绕主题,创造饭店文化性
顾客价值创新基础	对主题文化代表性器物的高仿真演绎,追求主题的形似	对主题文化内涵的系统演绎,追求主题的神似
顾客价值创新的持续性	新型顾客价值易被复制	新型顾客价值不易被复制
顾客价值创新过程	一步到位	逐渐推进

资料来源:作者整理。

4.4.2 中外典型主题饭店顾客价值创新差异的分析

4.4.2.1 目标市场的价值诉求不同

无论是家庭旅游市场、高级博彩市场,还是商务会议市场,拉斯维加斯主题饭店都不曾脱离拉斯维加斯以休闲娱乐见长的目的地吸引力,因为基于饭店既定的城市背景和发展方向,休闲娱乐性是饭店目标市场一个非常重要的价值诉求。当其他饭店都集中于低层次娱乐需求的大众市场时,凯萨皇宫引入一个象征权力与奢华的主题,从而提升了娱乐的档次,吸引了寻求娱乐的高级市场。当其他饭店沉寂于单一的赌博性娱乐市场时,马戏团大饭店、神剑饭店、金字塔饭店等一系列主题饭店通过引入主题丰富了娱乐的内容,满足了家庭旅游市场、观光型旅游者甚至会议型旅游者等更多旅游者的娱乐需求。可见,目标市场的娱乐价值诉求从一个侧面决定了拉斯维加斯主题饭店对主题的娱乐性开发。

然而,娱乐价值对于单一主题的依附性是很弱的,依托于旧主题的娱乐价值很容易被新的更具神秘性的主题所创造的娱乐价值或其他非主题的娱乐价值替代,这也就决定了主题饭店所创造的娱乐价值的高复制性和主题饭店竞争优势的非持续性。

不同于拉斯维加斯主题饭店目标市场对娱乐价值的诉求,成都主题饭店所依托的是目标市场对文化价值的诉求。由于不同的文化主题本身所蕴含的文化价值是不同的,因此主题本身有很强的异质性。但是主题本身的异质性并不必然代表着主题饭店所创造的文化价值也具有同样的异质性,因为主题饭店是以饭店基本功能为基础对主题的一种演绎,而不是全方位深入展现主题的博物馆,主题饭店对主题内涵的演绎深度和表现力度存在差别。当主题饭店对主题的演绎仅仅停留在主题文化的形式上时,主题饭店所创造的文化价值是浅薄的,是很容易被相同主题或其他主题的主题饭店所替代的;只有当饭店对主题进行深度系统演绎时才能创造出不易被替代的文化价值。

可见,引入主题本身异质性的文化价值具有为主题饭店创造持续竞争优势的潜力,但是真正的持续竞争优势的产生还依赖于主题饭店对主题的演绎。

4.4.2.2 主题的文化根基不同

根据笔者对主题饭店的定义,主题饭店所选择的主题都是植入式的主题,这个植入式是相对于饭店与饭店外部社会而言的。拉斯维加斯主题饭店所选择的主题不仅相对于饭店本身是植入式的,而且相对于饭店所在地域也是植入式的,基本都是拉斯维加斯以外的文化主题,如古罗马文化、古埃及文化、威尼斯城市文化、中世纪的欧洲文化、纽约城市文化、巴黎城市文化等。一方面,拉斯维加斯本身开放性的城市发展思路和以休闲娱乐为主的旅游目标市场为拉斯维加斯饭店通过植入其他地域文化主题来提升吸引力创造了条件;另一方面,这些文化所具有的鲜明的、为世人所熟悉和向往的文化表征物则为拉斯维加斯主题饭店极富视觉冲击力的主题再造提供了基础。

与拉斯维加斯主题饭店的主题不同,成都主题饭店的主题选择相对于饭店是植入式的,而相对于成都地域文化本身则是原创式的。虽然结果不同,但是与拉斯维加斯主题饭店遵循于拉斯维加斯城市背景的情况相同,成都主题饭店尊重成都依托于历史文化的旅游市场吸引力,同时又结合自身的文化优势对主题进行了选择。鹤翔山庄依托于饭店坐落于青城山下、千年古道观长生宫遗址之上的地理和文化优势,选择了道家文化作为主题。京川宾馆根据饭店靠近著名的三国遗迹武侯祠的地理优势和成都乃三分天下、蜀国之都的历史渊源,考虑到三国文化的市场潜力,选择了三国文化作为主题。天辰楼宾馆则以紧临杜甫草堂的地理优势选择杜甫文化为主题。芙蓉丽庭饭店是以成都市花为主题。西藏饭店虽然是在进入 21 世纪之后才有了明确的建设主题饭店的思路，但是该饭店与西藏的渊源却与生俱来，很多饭店员工来自藏区，饭店顾客中很大一部分不是准备入藏就是刚刚从藏区入蜀。

从操作的可行性上来讲，源于旧饭店改建的事实使成都主题饭店不能像拉斯维加斯的主题饭店那样建成主题标志物的外形。事实上，由于成都主题饭店依托于当地的历史文化，或者可以说大部分是依托于当地历史文化的标志性历史遗迹，所以即使是"平地起高楼"的新建主题饭店，也没有必要完全仿照主题标志物进行建造。相反，无论模仿得多么逼真，在真品旁边永远都是显而易见的赝品，只有找到与真品的结合点才可能互为补充、相得益彰。

4.4.2.3 主题的开发深度不同

拉斯维加斯主题饭店追求娱乐价值的目标决定了拉斯维加斯对主题开发的有限性，其主要表现在对主题标志性器物的复制。由于对标志性器物的复制所依赖的是设计师和艺术工匠的技艺，因此，一方面，这种开发模式能够创新顾客价值，却很难培育出饭店自身的主题开发能力；另一方面，设计师完全可以设计出不同的主题饭店，如果主题饭店的价值创新完全依赖于对主题形似的开发，主题饭店的竞争优势将没有保障。

与拉斯维加斯的主题饭店不同，成都主题饭店的主题开发不像拉斯维加斯那样气势磅礴，给人震撼的感官冲击力，而是强调系统性和渗透性，意在从多个角度、多个层面向顾客演绎主题，创造文化价值。这就使主题饭店无法再依赖于某个单独的设计师和某些外聘的工匠，而需要培育自己的主题开发能力。鹤翔山庄与西藏饭店的主题建设已经经历了多年的发展，却依然在不断创新，虽然这从一个侧面反映了主题饭店先行者所经历的探索道路，但同时也说明主题饭店在价值创新的过程中也使自身的主题开发能力得到了提升，从而进一步拓宽了价值创新的道路。

因此，要使主题饭店具有可持续的竞争优势，价值创新是不够的，依托于主题的价值创新能力的培育才是最关键的。

第五节 主题饭店竞争优势形成的模型构建

本节将根据前文对中外典型主题饭店的比较分析结果建构主题饭店竞争优势的形成模型,为后文进一步探寻主题饭店竞争优势的生成机理建构理论基础。

4.5.1 主题饭店竞争优势形成的静态模型

4.5.1.1 主题饭店的价值诉求

根据前文对主题饭店实践起源与概念的剖析,主题饭店通过引入主题实现顾客价值创新、进而增加饭店竞争优势的目标路径是明确的,顾客价值创新是主题饭店引入主题的共同诉求。但是,一方面,目标市场的不同决定了顾客潜在价值需求的内容和大小存在差别,如中低档消费水平的商务客人较高端商务客人更看重饭店的基础功能价值,以博彩娱乐为旅游目的的客人较文化观光型客人更看重饭店的娱乐价值;另一方面,饭店开发者对主题本身价值的认知存在差异,有的认为主题能提升饭店品牌的知名度,有的认为主题不仅能增加品牌知名度,而且能带来整个饭店系统的提升。因此,主题饭店对市场价值需求的判断与主题认知共同决定了主题饭店所期冀的顾客价值创新内容是存在差异的,不同主题饭店引入主题的直接价值诉求是不尽相同的。虽然主题饭店对主题的价值诉求未必等同于顾客最终所感知到的价值,但是主题饭店对主题的价值诉求直接决定着主题饭店选择主题的标准与主题开发的方式,从战略方向上直接影响着主题饭店顾客价值的创新与竞争优势的形成。

4.5.1.2 主题饭店的异质性资源和特异能力

竞争优势产生的基础首先是企业的资源,资源的利用效率在很大程度上取决于企业将它们有效配置和整合利用的能力[1]。企业的资源

---

[1] 芮明杰、霍春辉:《知识型企业可持续竞争优势的形成机理分析》,《管理学报》,2009,3(6):327~331。

和能力是否能够真正成为竞争优势的基础,应当经过四项竞争价值性测试:该项资源或能力是否容易被复制或模仿;该项资源或能力是否具有一定的持久性;该项资源或能力是否真正能够在竞争中有上乘价值;该项资源或能力是否可以被竞争对手的其他资源或能力所抵消。只有通过该测试,具备了巴尼(Barney,2001)所定义的 VIRN 特征(价值性、稀缺性、不可模仿性和不可替代性),这种资源或能力才是企业的异质性资源和特异能力,才能创造出异质性的顾客价值,形成企业的竞争优势。

对于主题饭店来说,只有具有了这样异质性的资源与特异能力,才能把主题饭店引入主题的价值诉求真正变为市场认可的新型顾客价值,为主题饭店创造出竞争优势。根据前文的分析,主题饭店的顾客价值创新来源于主题这一区别于一般饭店的新资源和饭店对主题的开发能力。因此,如图 4.2 所示,将主题变成主题饭店的异质性资源,将主题开发能力培育为特异能力,不断提升二者所创造的顾客价值,是主题饭店竞争优势形成的必由之路。

4.5.1.2.1 主题饭店的异质性资源

由于主题饭店的主题是独立于饭店之外的文化主题,因此,主题本身会对顾客产生特定吸引力、创造一定价值,而且由于这种价值依附于主题本身,因此与一般饭店所创造的价值相比具有异质性。当饭店引入这种植入式主题并为顾客所感知时,顾客必然会因主题的出现产生不同程度的新体验、收获新的顾客价值。根据前文对中外主题饭店典型案例的分析,主题与目标市场的关系、主题与饭店所在地域的关系决定了主题这种异质性资源通过创新顾客价值为主题饭店创造竞争优势的能力。

(1)主题与地域的关系。

主题饭店所引入的是社会系统中已经存在的成熟的文化主题,该文化主题本身及其文化系统内的各种元素有其产生的渊源和发展的环境。主题饭店作为饭店企业,本身也是一个文化系统,也有其自身的成长和发展环境。因此,分析主题与饭店所在地域的关系、充分考虑主题与饭店的文化环境异同、避免主题与饭店生存环境的冲突、寻找互益的双赢关系是评价主题饭店异质性资源的重要标准。

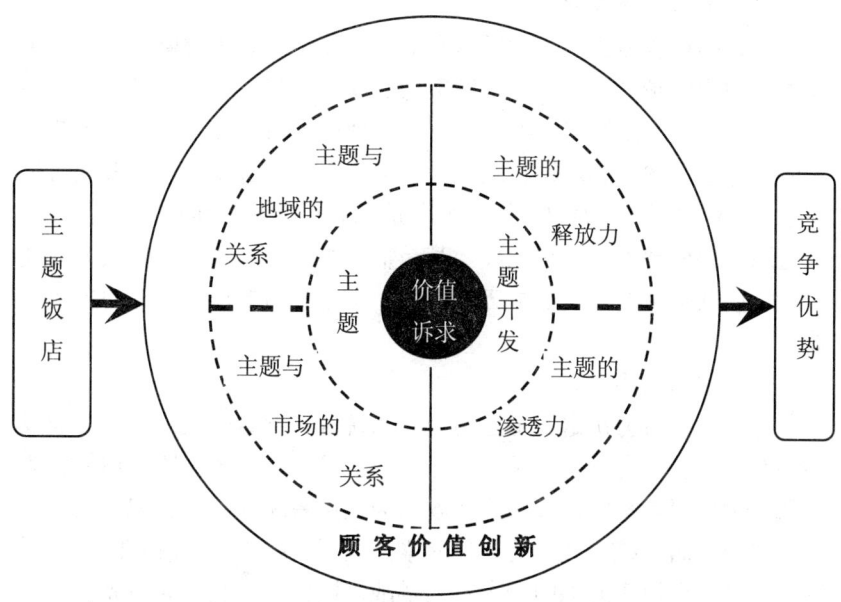

图 4.2 主题饭店竞争优势形成的静态模型

资料来源：作者整理。

（2）主题与市场的关系。

由于顾客有着不同甚至完全相反的兴趣爱好，主题本身在吸引一些顾客的同时也存在着被另一部分顾客所排斥的风险。因此，主题本身的价值是由饭店目标市场决定的，只有那些为目标市场所认可甚至向往的主题才能给顾客带去价值，才有可能为饭店创造竞争优势。

4.5.1.2.2 主题饭店的特异能力

主题本身的价值是主题饭店竞争优势的前提，它使主题饭店获得竞争的潜力，而潜力向实力的转化则离不开饭店开发主题的过程。放在主题饭店品牌里的"主题"只是一个宽泛的文化概念，同一个主题本身会让顾客产生不同内容、不同层次的价值联想，因此只有通过饭店对主题的特定开发，才能在一定程度上锁定主题所创造的顾客价值，才能为饭店创造出稳定的竞争优势。

(1) 主题的释放力。

主题的释放力决定了主题本身的价值在主题饭店的展现程度。主题本身的价值是多维度的，主题饭店到底能在多大程度上发挥主题的优势，取决于主题饭店所拥有的主题价值的释放力。一方面，释放力较弱会导致主题饭店对顾客缺乏吸引力，而且很容易被竞争者模仿和超越；另一方面，片面追求主题所创造的异质体验，为了主题而主题，使主题与饭店基本功能相脱离，甚至牺牲饭店基本功能的释放力会使主题饭店获得主题而失去饭店。因此，主题饭店要培育适宜的主题释放力。

(2) 主题的渗透力。

主题的渗透力决定了主题与饭店系统内各要素的关系。饭店业发展到今天，在满足顾客需求方面已经形成了一个为大家所共识的较为成熟的饭店要素系统，植入式主题作为饭店系统的一个新型元素，如何建立与饭店系统内既有的其他元素的关系，融入一个既有的成熟系统中，是主题饭店面临的一个重要挑战。因此，主题饭店不光要培育主题的释放力，还要培育主题的渗透力。

当然，主题的释放力与渗透力并不是割裂的，释放力是从主题本身各要素出发关注主题开发的力度，渗透力是从饭店系统内的各元素出发关注主题开发的力度，虽然角度不同，但它们相互制约、相互依存，共同决定着主题饭店的主题开发能力，直接表现为各种主题要素与各种饭店元素的融合程度。

4.5.2 主题饭店竞争优势形成的动态模型

4.5.2.1 主题饭店竞争优势的纵向演进

在主题饭店发展过程中的任何一个时间横断面，主题饭店都可能以当时的主题资源与主题开发水平获得一定的竞争优势。在整个发展过程中，虽然主题饭店的主题资源是既定的，但是由于主题开发能力的培育与发挥客观上需要时间的保证和积累的过程，因此主题饭店创造的顾客价值以及据此形成的竞争优势又会在时间维度上呈现出动态演进的过程，如图 4.3 所示。当然，这种动态演进并不是主题饭店的先天特征，它离不开主题饭店的主题所奠定的竞争优势潜力和对主题开发能力的积极培育。

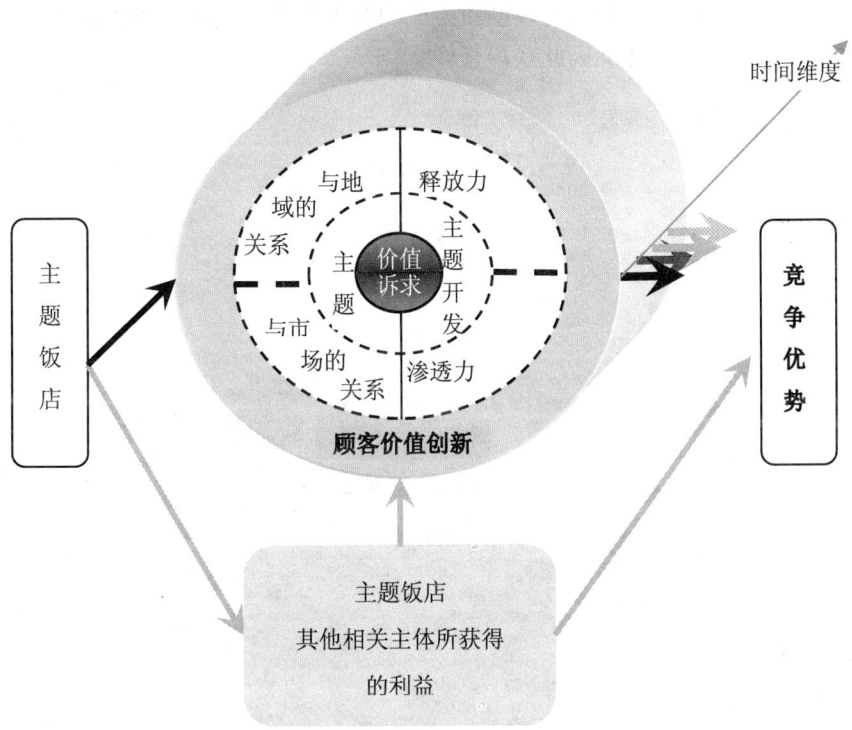

图 4.3 主题饭店竞争优势形成的动态模型

资料来源：作者整理。

4.5.2.2 主题饭店竞争优势的横向延伸

通过引入主题创造独特的顾客价值是主题饭店竞争优势的直接来源，而主题开发能力涉及饭店相关的各种资源，顾客价值创新的实现离不开对主题之外各种资源的依赖。饭店作为一个涉及多方主体的有机系统，顾客价值的变化必然使饭店内外其他相关主体（如员工、饭店所在社区）从饭店所获得的利益也发生变化，这些变化虽然是以主题饭店的价值诉求为目标的,是以保障与主题相关的顾客价值创新为己任的,但是它们带给主题饭店的竞争优势却不仅限于主题引导下的新型顾客价值,还会有这些变化本身给饭店带来的系统优化。也就是说,主题饭店基于顾客价值创新生成的竞争优势不仅从其他资源那里得到保障,而且还会因此获得延伸。

第五章　主题饭店竞争优势形成的静态模型分析

从静态来讲，饭店本身创新顾客价值的诉求、主题本身的异质性以及饭店在价值诉求指导下对主题的开发能力共同决定了主题饭店竞争优势的形成，从而构成了主题饭店竞争优势形成的静态模型。本章将对该模型的相关要素进行详尽分析。

第一节　主题饭店的价值诉求与竞争优势

主题饭店对主题的直接价值诉求从源头上决定了主题饭店对主题的选择和开发，势必会影响主题饭店竞争优势的形成。因此，本节将着重探讨主题的不同价值诉求对主题饭店竞争优势的影响。

5.1.1　主题的价值认知

主题的本质是文化，主题的价值认知取决于人们对文化的价值认知。

5.1.1.1　主题的文化依托

美国人类学家阿尔弗雷德·克洛依伯（A. Kroeber）和克莱德·克拉克洪（C. Kluckhohn）在1952年出版的《文化：概念和定义批判分析》一书中，列举出一百多条不同的"文化"定义，并将这些不同的"文化"定义归纳为9种基本的文化概念，分别为哲学的、艺术的、教育的、心理学的、历史的、人类学的、社会学的、生态学的和生物学的文化概念。可见，文化是一个"错综复杂的整体"[1]，它包括众多的领域。因此，人们在分析文化结构时，根据文化内涵在不同维度的差异，形成了物质文化、精神文化二要素说，物质文化、制度文化、精神文化三要素说，经济基础、上层建筑二要素说，哲学、宗教、道德、艺术、伦理、经济多要素说，等等。这些分析从内涵上对文化进行了很好的剖析和说明，但是并没有突出文化本质与文化载体的区别，而是将二者统一于各种文化类别中。事实上这些成果并无意抹煞文化本质与文化载体的区别，但是在非专业研究领域，人们对文化的认知却在强调文化类别的同时忽略了文化本质与文化载体的区别，当人们提及某种文化时，相同文化名称背后可能是不同的内容。

根据克洛依伯和克拉克洪（1952）所提出的20世纪最有影响的文化定义，"文化是包括各种外显或内隐的行为模式，通过符号的运用使人们习得并传授，并构成了人类群体的显著成就；文化的基本核心是历史上经过选择的价值系统：文化既是人类活动的产物，又是限制人类进一步活动的因素"[2]，文化的本质是人类自己根据自身对宇宙真理的认知而建立起来的一套价值系统。而价值的表达，即文化本质的表达则需要借助某种载体，文化符号学者称其为"符号"，确切地说是"符号形式"[3]。可以说，文化的每一个门类如哲学、文学、法律、绘画、音乐、自然科学等以及各个文化门类下的诸多子文化都有自己的符号系统，这些符号承载和传递的是文化的本质，构成文化的物质载体。文化的物质载体包括语言类和非语言类，非语言类的符号主要涉及几个方面："文字典籍（如文学、电影、戏剧、绘画等）、规制（人们在日常生活中遵循的社会组织各方面规定，如各种仪式：祭祀、祈

---

[1] 美国人类学家爱德华·泰勒在1871出版的《文化的起源》一书中将文化定义为"文化或者文明，从其广泛的民族志意义上而言，它是一个错综复杂的总体，包括知识、信仰、艺术、道德、法律、习俗和人作为社会成员所获得的任何其他能力和习惯"。

[2] 彭吉象：《艺术学概论》，北京：北京大学出版社，1996：78。

[3] 美国著名哲学家皮尔斯认为，符号是由包括符号形体、符号对象和符号解释构成的三元关系。其中符号形体或称所指指符号的形式；符号对象即符号形体所表征的客观事物，体现的是实用价值；符号解释指符号形体所传达的意义，体现的是象征价值。

雨等）以及器用（长城、金字塔、瓷器等）"[1]。

可见，虽然都可被冠以"文化"的名称，但是其所指是有差别的。面对一种文化，人们了解本质却未必了解所有的载体，或者只注重去了解那些鲜明的载体却忽略对本质的认识；面对一个文化载体，人们可能就理所当然地把载体与文化等同，而不探求它背后的文化本质。当主题饭店依托于如此不同的文化认知去引入主题时，也会对主题的价值形成不同的认知。

5.1.1.2 不同的主题价值认知

5.1.1.2.1 从文化本质出发的主题价值认知

文化的本质是价值理念，主题饭店从文化本质出发引入主题，说明该饭店被主题内含的价值理念所吸引，希望将这种价值理念植入饭店中，借该价值理念来搭建饭店与顾客沟通的桥梁，向顾客传递饭店所拥有的与主题本质相通的道德价值和心灵价值。

当然，从文化本质出发并不意味着对文化载体的排斥，因为文化载体是文化本质的内生物，本质的表现必然要借助主题固有的载体，或者是主题固有载体与一般饭店载体的结合，因此主题载体本身也会为顾客带来新的价值，但是对于看重文化本质的主题饭店来讲，文化载体所带来的价值只是附属品，文化本质所创造的价值才是主题价值之根本。

5.1.1.2.2 从文化载体出发的主题价值认知

从文化载体出发，主题饭店所看重的不是文化所具有的价值理念，而是与主题相关联的一系列文化载体所具有的独特的外在形式，引入主题，引入特定器物、行为方式等主题所依托的外在形式，可以使主题饭店因为具有了一系列新的感官元素而与其他饭店不同，依托于这些独特的感官元素，可以向顾客传递新鲜的消遣娱乐价值、视听审美价值等。

与从文化本质出发的主题价值认知相同，从文化载体出发的主题价值认知并非排斥文化本质，而是在文化本质客观存在的背景下专门

---

[1] 郑文东：《符号域：民族文化的载体》，《中国俄语教学》，2005，24（4）：52～55。

强调文化载体的价值。这种认知虽然无意与文化本质相冲突，但是却存在在忽略文化本质、突出文化载体的过程中背离文化本质的风险。

5.1.2 顾客精神价值需求

主题饭店选择植入式主题不仅仅是因为看到了主题的价值，更重要的是看到了主题价值与潜在顾客精神价值需求的耦合。

美国心理学家亚伯拉罕·马斯洛于 1943 年在《人类激励理论》中提出了"基本需求层次理论"，该理论将人的需求分成生理需求、安全需求、社交需求、尊重需求和自我实现需求五类，依次由较低层次到较高层次排列。1954 年，马斯洛在《激励与个性》一书中探讨了他早期著作中提及的另外两种需求——求知需求和审美需求，他认为这二者应居于尊重需求与自我实现需求之间。马斯洛需求理论中的社交需求、尊重需求、求知需求、审美需求和自我实现需求反映了顾客不同层次的精神价值需求。陈传才教授基于不同层次的精神价值需求探讨了文学的两个基本的精神价值诉求："一是立足于人的现实感性欲求，让一切属人的合理的情感需要（如人需要释放、调适、交流、娱乐和抚慰等）成为文学的审美旨趣；二是超越人的现实感性欲求，探寻和表现人的生命意义和理想价值，把提升人的精神境界、追求完美的人格塑造作为文学的精神旨归。"[1] 著名哲学家李泽厚将审美分为三个层次：悦耳悦目、悦心悦意和悦志悦神。悦耳悦目不只是认知而是享受，这享受也不只是生理快感，而是身心愉悦。其次是悦心悦意，它包含无意识的本能满足，包括性本能、情欲、行为、心境、理念的被压抑，通过审美获得解放和宣泄，还有此范围之外的心意的满足和愉悦。最高的形式也是最高的境界就是悦志悦神，它是道德基础上达到某种超道德的人生感性境界，它不仅是耳目器官、心意情感的感受理解，而且还是整个生命和存在的全部投入。

马斯洛先生从人的基本需求出发，陈传才先生从文学这种特定文化的精神价值诉求出发，李泽厚先生从广义的审美需求出发，虽然角

---

[1] 陈传才：《论文学的精神价值诉求》，《当代文坛》，2008，2：11~15。

度不同,但是都对顾客精神价值需求的层次性作了很好的说明。笔者借鉴陈传才先生的思路,将顾客精神价值需求划分为身心愉悦需求和人格成长需求,其中身心愉悦需求是较低层次的精神需求,涉及对消遣娱乐价值、视听审美价值、情感交流价值、社会价值等的需求,人格成长需求是较高层次的精神需求,涉及对知识价值、道德价值、心灵价值等的需求。顾客自身的精神需求在时间维度上存在差异,会在文化体验过程中不断丰富和提升;在一定的时间内,不同顾客的精神需求于空间维度内存在差异,会因为顾客的文化素养差异而呈现出不同的需求水平。

5.1.3 主题价值诉求与饭店竞争优势

主题饭店的主题价值诉求是由主题饭店对顾客精神价值需求和对主题价值的认知共同决定的,否则就会出现偏离市场的价值定位,从源头上影响主题饭店竞争优势的形成。

从静态来讲,顾客的身心愉悦需求与主题饭店源于文化载体的主题价值认知相统一,共同决定主题饭店借主题的文化载体为顾客创造的低层次精神价值的终极诉求;顾客的人格成长需求与主题饭店源于文化本质的主题价值认知相统一,共同决定主题饭店借主题的文化本质为顾客创造的高层次精神价值的终极诉求。

5.1.3.1 不同终极价值诉求的创新价值异质性

5.1.3.1.1 异质性的模仿压力

以文化本质实现终极价值诉求的主题饭店会重视主题的文化本质所传递的价值理念在饭店的渗透,即追求神似;而以文化载体实现终极价值诉求的主题饭店则更重视主题的文化载体所依托的外部形式在饭店的普遍应用,即追求形似。从主题的文化载体与文化本质的模仿难度来看,文化载体本身以及文化载体与主题饭店的结合方式都是显性的,是为同行和顾客可以直接感知到的,因此依托文化载体本身的饭店主题很容易被模仿;文化本质本身以及文化本质与主题饭店的结合方式是隐性的,主题要创造高层次的精神价值,主题的文化本质所传递的价值理念必然要渗透到饭店的企业人格、企业文化中,因此外界只能体会到源于主题文化本质的精神价值的存在，却很难对这种精神价值的创造机制进行轻易的效仿。

5.1.3.1.2　异质性的替代压力

顾客低层次的精神需求本身对新鲜事物有很强的偏好，人们总是对新的事物充满了好奇，希望于新型事物中获得新鲜的愉悦体验。当饭店第一次出现主题时，主题特定的文化载体给顾客带来了区别于以往饭店的视听感知，激发了顾客的好奇心，于是顾客选择了主题抛弃了非主题。那么同样，主题 B 也可以取代主题 A，只要能够给顾客带来愉悦的、特别的感知，顾客就不会吝啬去体验一个由新的主题包装的饭店。而且，由于主题并不是身心愉悦新体验的唯一来源，主题与非主题所创造的消遣娱乐价值、视听审美价值大小是相对而言的，因此主题也有可能被那些能够给顾客带来全新愉悦体验的非主题饭店所替代。

主题所依托的价值理念为顾客创造的知识价值、道德价值、心灵价值等满足顾客人格塑造需求的顾客价值会因为主题的文化本质，即价值理念不同而与其他主题饭店表现出较强的不可替代性，又因为这些价值理念有主题这个特定文化名称作为与顾客沟通的桥梁、有丰富文化载体作为鲜活的支撑，当非主题饭店与主题饭店定位于同样的文化价值理念时，主题饭店将比一般饭店更吸引顾客，其文化价值理念顾客感知得将更为深刻。前面提到主题饭店单纯地创新较低层次的精神价值很容易被替代，但是如果能够用高层次精神价值创新带动低层次精神价值创新，两类价值会互相促进，实现精神价值的全面创新，则主题饭店价值创新的替代难度会大大增加。

5.1.3.2　不同终极价值诉求的价值创新的可持续性

从产生来说，文化载体是文化本质的必然内生物，所以源于文化载体的价值是源于文化本质的终极价值诉求实现过程中的必然产物，在终极价值诉求实现的同时积极地实现文化载体的价值诉求；但是相反，源于文化载体的终极价值诉求却只可能在价值创造过程中偶然触碰到源于文化本质的价值诉求，虽然文化载体的产生离不开文化本质，但是一旦文化载体产生，它本身作为一种客观存在便可在一定时间内脱离文化本质而存在。由此可见,源于文化本质的终极价值诉求能够同时创造出较高层次的精神价值和较低层次的精神价值,而源于文化载体的终极价值诉求则只能创造出较低层次的精神价值。

从静态来看,这种先天的差别有利于市场细分,但是从动态来讲,顾客的精神需求会随着文化体验的不断丰富而得到提升,因此,源于文化本质的终极价值诉求将具有更灵活的价值创新空间。

此外,主题所固有的文化载体是特定的,因此饭店可利用的文化载体也是有限的,而文化本质作为一种价值理念,主题饭店对其内涵的挖掘和运用则是无限的,因此,源于文化本质的终极价值诉求将更具有持续的价值创新空间。

5.1.3.3 主题价值诉求对饭店竞争优势的影响

根据前文的分析,不同主题价值诉求的主题饭店在价值创新的异质性与价值创新的持续性方面存在差别(如图 5.1 所示),进而可以得出结论:希望借文化载体创新较低层次精神价值的主题饭店具有借主题获得竞争优势的潜力,但是这种竞争优势的可持续性较弱;希望借文化本质创新较高层次精神价值的主题饭店具有借主题获得持续竞争优势的潜力。

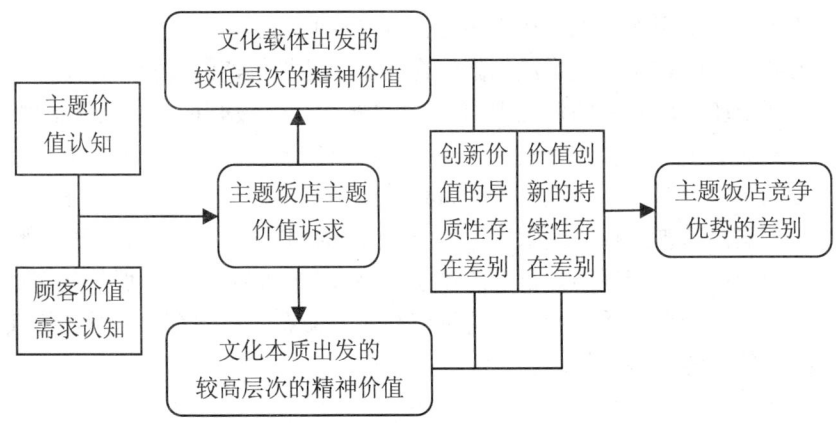

图 5.1 主题价值诉求对饭店竞争优势的影响图

资料来源:作者整理。

以拉斯维加斯的主题饭店为例,源于拉斯维加斯赌场饭店娱乐为主的市场背景和饭店业主对主题载体价值的认知,借主题载体创新顾客的消遣娱乐价值成为拉斯维加斯主题饭店的价值诉求。正是在这一价值诉求的引领下,首先,每一个主题饭店都对主题的标志性载体进行了复原式的外形模仿,而对于主题的文化本质没有专门的开发,仅限于顾客于文化载体所创造的文化氛围中的被动感知;其次,20 世纪 80 年代末 90 年代初,拉斯维加斯的主题饭店如雨后春笋般出现,虽然主题各不相同,但为顾客创造的价值本质却是基本相同的,都是希望满足顾客低层次的精神需求;再次,拉斯维加斯主题饭店的改扩建工程不断,但是涉及主题价值创新的项目大多是更新有着主题载体元素的娱乐产品,以创新其娱乐价值(如金银岛饭店将海盗船表演中的官兵与海盗改成了美女与海盗,而且增加了劲舞表演);最后,进入 21 世纪,拉斯维加斯基本不再有新建主题饭店出现,更多的资金转向新建的奢华饭店,甚至有的主题饭店已经开始弱化主题载体,准备增加新的非主题元素。

以我国四川成都鹤翔山庄为例,道家文化本身具有文化本质比文化载体突出且更为人们所熟悉的特点,这客观上为鹤翔山庄价值诉求的选择创造了条件,加之安茂成总经理对道家文化本质的深刻理解,鹤翔山庄从引入道家文化主题之初就已经明确了借"道法自然"、"和谐共生"的道家文化本质创新顾客高层次精神价值的目标。但是,在鹤翔山庄主题开发的过程中,高层次精神价值并没有在一开始就出现,而是随着主题开发的不断深入而被创造出来的,长生宴、太极养生功法以及"问道青城山"度假型系列养生产品无不体现着鹤翔山庄对创造高层次精神价值的追求。当然,与拉斯维加斯的主题饭店历史相比,鹤翔山庄还是年轻的,目前的竞争优势有时间的局限性,但是从鹤翔山庄围绕主题本质不断完成的价值创新方面看,我们有理由对其持续的竞争优势充满期待。

第二节 主题与主题饭店竞争优势

主题是主题饭店创新顾客价值的源泉,是主题饭店的异质性资源,是主题饭店竞争优势形成的重要因素。不同主题本身的异质性取决于主题的文化根基和市场背景,本节将从这两方面来深入分析主题对主题饭店竞争优势的影响。

5.2.1 主题的文化根基与主题饭店竞争优势

根据主题饭店主题与当地本土文化的关系,可以将主题饭店分为本土地域文化主题饭店、异域文化主题饭店、非地域文化主题饭店。如图 5.2 所示,本土地域、异域、非地域是相对于主题饭店所在地而言的。本土地域文化是指主题饭店的主题在当地具有某种特有的历史文化渊源,如鹤翔山庄的道家文化主题有青城山乃道教发源地的文化渊源,西藏饭店有成都乃出入藏必经之地和过去专门接待出入藏干部的渊源;异域文化是指主题饭店的主题来源于异国他乡,如拉斯维加斯的主题饭店,其主题既有美国之外的古罗马文化、古埃及文化、威尼斯文化、巴黎文化等异域文化,也有美国国内但远离拉斯维加斯的纽约文化;非地域文化是指主题与饭店所在地没有特别的历史文化渊源,但是该主题文化又并非为某个城市或地区所特有,如广州长隆饭店以生态文化为主题。本节将对这三种主题生成主题饭店竞争优势的潜力进行分析。

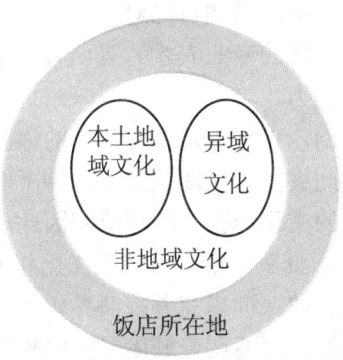

图 5.2 主题饭店文化根基图

资料来源:作者整理。

5.2.1.1 本土地域文化主题与主题饭店竞争优势

本土地域文化主题是指主题饭店的主题在当地具有某种特有的历史文化渊源。既然该主题在当地有历史文化渊源，那么在当地就不只有主题饭店这一种围绕该主题创建的事物，还会有与主题相关的历史遗迹和其他现代人造产品，甚至该主题就是当地作为旅游目的地的重要吸引物，这就使主题饭店在共同主题的桥梁作用下必然地与其他旅游产品发生关联；既然该主题与当地的文化渊源是特有的，那么该主题就具备了某种天然的复制性屏障。关联关系和天然屏障的有效利用成为本土地域文化主题帮助主题饭店创造竞争优势的关键。

5.2.1.1.1 利用关联关系创造竞争优势

因为本土地域文化主题饭店的主题与当地有特定的文化渊源，因此，抛开主题饭店，主题所依托的文化本身就是当地的文化资源，围绕着这一文化资源有很多企业，涉及多个相关产业，由于主题饭店与这些企业有同源的文化背景，因此会获得更多的合作机会：对于合作企业来说，主题饭店可以在一致的主题背景下为主题相关产品（如与主题相关的会议、展览、旅游产品等）提供基本功能设施的支撑，增加本企业产品的主题一致性和完整性；对于主题饭店来说，不仅可以充分利用这些产品的市场扩大自己的市场，还可以在与这些"主题专家"的接触与合作中不断增加自己对主题的认知，积累更多与主题相关的资源（如精通主题的专业人才）等，有助于培育自己围绕主题不断创新顾客价值的能力。

以鹤翔山庄为例，青城山是世界闻名的道教圣地，每年有近千万的国内外旅游者到此旅游，坐落在青城山脚下的鹤翔山庄以道家文化为主题，与青城山的文化渊源一脉相承，因此成为来青城山旅游的寻"道"人的理想饭店。此外，很多与道家文化相关的会议、讲学活动都以此地为首选会址。如深圳华商书院商界领袖博学班，最早只是因为青城山的道文化渊源，想要在青城山景区的独特文化氛围内寻找一个饭店完成3~4天的"道德经与现代管理"的修习活动，但是令华商书院惊喜的是鹤翔山庄不仅从一般的饭店功能上满足了书院的要求，而且从饭店内部的文化氛围到诸多与道文化相关的产品和活动都大大超出了最初的预期,鹤翔山庄因此成为华商书院最经典课程的固定学习地点。正是在为华商服务、与华商合作的过程中,鹤翔山庄又结识到国内道家文化研究领域的很多专家,也为其后来系列养生产品的开发奠定了基础。

此外,主题饭店有机会乘着地方积极发展该主题文化资源的"东风",获得很多可遇不可求的政策扶持。

5.2.1.1.2 利用天然屏障创造竞争优势

道家文化并不只属于成都市,它是中华民族共有的传统文化,但是只有成都有青城山,只有鹤翔山庄坐落于青城山脚下的千年道观遗址之上,因此鹤翔山庄可以做成独一无二;西藏特殊的地域条件和历史背景使西藏文化鲜明地区别于国内其他地域文化,但是成都是西藏的门户,是国内进出藏的必由之地,而且西藏饭店是西藏自治区政府在西藏之外仅有的饭店,是曾经指定的进出藏干部接待地,因此,成都西藏饭店可以做成独一无二……这些例子都说明本土地域文化主题饭店所具备的天然的异质性屏障。但是屏障并不等于优势,由于这些天然优势来源于主题与当地的某种特定关系,因此只有将这种特定关系与主题的开发紧密结合起来,才不会在开发的过程中丢失天然屏障。

(1)主题内涵的一致性。

对于一个文化内涵宽泛的主题,主题饭店的名称所传达的文化内涵往往较主题饭店所依托的真正内涵更宽泛,因为主题饭店很难全面地演绎主题,只能选取主题的某个角度或某个方面作为主题饭店的真正主题。因此,对于本土地域文化主题饭店,主题与当地文化的特定联系就成为缩小主题内涵的重要依据,从而使主题饭店主题内涵与地域文化内涵保持一致性,进而增加独特性。例如,道家文化是一个较宽泛的文化概念,鹤翔山庄虽然以道家文化为主题,但主要集中于对道家养生理念的践行和挖掘,这与其所拥有的长生宫遗址产生了很好的契合,从而进一步明晰了异质性。

(2)主题开发的互补性。

主题与本土地域文化的文化渊源是通过一系列文化载体反映出来的,这些文化载体可能是历史文化遗迹,也可能有现代类似于主题饭店的非饭店产品的主题表现。因此，对于当地的饭店来说，主题与当地的这种文化渊源以及这些文化载体都是它们所共同拥有的，当主题饭店所创造的价值只是来源于对已有文化载体的模仿时，主题饭店区别于其他饭店的异质性对于顾客的吸引力就会大大降低，只有当主题饭店从价值创造上能够形成对其他文化载体的补充时才能创造出真正的竞争优势。例如，鹤翔山庄紧靠青城山，青城山给人以道家文化氛围的感染，这一点鹤翔山庄无法比拟，于是就在道家文化养生理念的直观体验上做文章，开发长生宴、度假型养生产品等；西藏饭店离西藏虽然比鹤祥山庄距离青城山远得多，但大多数客人都去过或将要到西藏，因此对西藏标志性建筑的复原性模仿可能是事倍功半的，恰到好处的元素融入和西藏式的人文关怀反倒可以达到事半功倍的效果。

5.2.1.2 异域文化主题的竞争优势

异域文化主题是指主题饭店的主题来源于异国他乡，不同于饭店所在地的地域文化。由于饭店文化本身无法脱离饭店所在地，也就是饭店顾客旅游目的地的文化，因此虽然异域文化主题并不依托于当地的文化根基，但是却受制于当地文化。异域文化不仅可能带来与竞争者的异质性，也可能带来与所依托的社会环境的文化差异性甚至是冲突，因此，异域文化主题要为饭店带来竞争优势，就要首先处理好与当地文化的关系。

5.2.1.2.1 选择适宜区位开启竞争优势

饭店所在地文化是饭店存在和发展的大背景，一方面，当地的文化影响着饭店的建筑外观取向，尤其是随着各地对打造统一目的地形象愈来愈重视，饭店外观与周边环境外观的和谐已经成为对饭店的一种客观要求；另一方面，在饭店发展成旅游吸引物之前，饭店作为旅游者到当地旅游的辅助性设施，饭店顾客类型在很大程度上是由以当地文化为基础的旅游吸引物决定的，饭店顾客的文化偏好也就自然会受到当地文化的影响。因此，当饭店所在地的目的地形象有深厚的历史文化为根基、具有鲜明的民族性和地方性时，主题饭店在选择异域文化主题时就会面临饭店与当地文化难以融合、饭店主题对到访当地的顾客缺乏吸引力甚至被顾客排斥的风险。相反，当饭店所在地的文化本身具有多元性和开放性、目的地形象并不与当地特有的民族文化和地域背景紧密相关时，异域文化主题与当地的融合才是有可能的。也只有在这个前提下，鲜明的异域文化主题才能为顾客创造他们所接受的新价值，帮助主题饭店形成竞争优势。

例如，拉斯维加斯是一个新兴的城市，缺乏深厚的历史文化根基，在20世纪，顾客对拉斯维加斯的认知就是一个赌城，因此，当主题饭店进入拉斯维加斯时，各种异域文化主题并没有与当地的文化出现冲突，风格迥异的异域文化主题饭店不仅没有使拉斯维加斯景观混乱，反倒使城市更有魅力；主题饭店不仅因开拓异域文化主题增加了饭店本身的吸引力，而且还增加了城市的吸引力。从我国现有的主题饭店来看，选择异域文化主题的主题饭店基本都是出现在深圳，如以威尼斯文化为主题的深圳威尼斯皇冠假日饭店、以瑞士文化为主题的深圳茵特拉根华侨城饭店、以西班牙文化为主题的深圳华侨城洲际大饭店等。深圳是在我国改革开放的大背景下新兴的城市，历史留给城市的文化根基非常有限，而改革开放的政策又加速了深圳开放式的发展，这一切为深圳创造了全新的城市塑造机会，使今天的深圳成为一个外来人口众多、多民族聚居、文化多元的年轻城市。而且深圳已有成熟的世界之窗、华侨城等源于异域文化的旅游吸引物，异域文化主题饭店与这些旅游吸引物一脉相承。因此，在具有五千年悠久历史根基的中国，异域文化主题饭店首先出现在深圳不是偶然的，而是与深圳特有的城市文化紧密相关的。相反，2003年年底，计划耗资15亿元人民币担当2006年世界休闲博览会标志性建筑的"梦幻城堡"就因为其设计主题与杭州城市文化的格格不入而被杭州有关方面宣布其计划流产。

可见，选择适宜的城市开发异域文化主题是这类主题饭店获得竞争优势的前提。

5.2.1.2.2 利用文化差异创造竞争优势

对顾客来讲，异域文化主题带给主题饭店的差异体现在两个方面：一个是异域文化与本土文化差异带给顾客的新鲜感；一个是在远离异域文化发源地的饭店演绎异域文化所引发的好奇心。因此，从主题本身来讲，异域文化主题对顾客的吸引力和异域文化主题发源地与饭店所在地的距离是这类主题饭店为顾客带来差异价值的重要因素。

首先，异域文化本身要对顾客有吸引力。这可以通过以异域文化为根基的旅游目的地的吸引力来判断。

其次，饭店所在地与异域文化发源地要有一定的地理距离，该距离足以使顾客在一段时间内对异域文化有可望而不可及的无奈，从而进一步增加顾客对异域文化主题的向往。

从主题开发来讲，由于缺乏本土地域文化那样的文化根基，异域文化主题氛围的创造只能依赖于饭店自己对主题的演绎，而没有可以借势或依托的其他文化载体。因此，为了最直观、最生动地体现主题饭店的特定主题，激发顾客的新鲜感和好奇心，这类主题饭店往往特别重视对代表性文化载体的模仿，以增加饭店对顾客的视觉冲击力和差异性感知。

5.2.1.2.3 主题易复制性拓展竞争优势

由于异域文化主题饭店并非依托于饭店所在地文化，因此在作好饭店所在地选择的大前提下，异域文化主题饭店可以被较全面地复制到任何适宜异域文化主题的地方。对于饭店业主来说，这无疑为饭店的横向扩展和集团化发展创造了先天的优势。例如，美国拉斯维加斯金沙集团继1999年在拉斯维加斯投资兴建威尼斯人度假饭店之后，又于2007年在澳门兴建了澳门威尼斯人度假饭店。澳门威尼斯人度假饭店延续了拉斯维加斯威尼斯人度假饭店的建筑风格，并保留了相同的娱乐项目，被视为拉斯维加斯威尼斯人度假饭店的复制版。但同时，文化主题概念本身并不属于任何一个饭店所独自享有，因此异域文化主题在方便自己扩展的同时也面临着成为竞争者资源的可能性。例如深圳华侨城就以威尼斯文化为主题兴建了深圳威尼斯皇冠假日饭店，虽然这家饭店是商务度假型饭店，与美国拉斯维加斯金沙集团的赌场饭店没有直接竞争，但也从一个侧面给我们提供了某种警示。

5.2.1.3 非地域文化主题的竞争优势

非地域文化主题并不是绝对与地域没有关系，而是指主题与某个狭隘的地域没有特别的对应关系，主题所依托的文化可以存在于较广阔的地域范围内，如生态文化、科技文化、现代艺术、体育文化等可以存在于世界各地，它与地域文化最大的区别就是主题与当地的文化联系并不是独一无二的。例如儒家文化、道家文化是中华民族的传统文化，在全国各地都有一定的文化根基。道家文化主题对于鹤翔山庄就是地域文化主题，因为有道教发源地青城山作为独特纽带。如果在天津也兴建一个道家文化主题饭店，虽然天津与道家文化没有特别的历史渊源，但是道家文化作为中华民族的传统文化在天津并非是横空出世，因此，道家文化对于天津的道家文化主题饭店就只是一个非地域文化的主题。

非地域文化主题与当地没有特别对应关系，但与当地的文化又没有冲突性的差异，这就使非地域文化主题较少受到像地域文化主题和异域文化主题选择过程中那样的地域限制。但正像一个硬币总是有正反两面，在选择宽松的条件下也就降低了主题本身的特色和独有性，主题本身较容易被模仿。

5.2.2 主题的市场背景与主题饭店竞争优势

根据主题所依托的文化市场需求范围的大小，主题饭店的主题可以被分为小众化主题和大众化主题。如图 5.3 所示，根据顾客的经济消费水平，饭店在档次上有自然的垂直分工，在这个分工的基础上，大众化主题是同一消费档次的大部分顾客都感兴趣的主题，而小众化主题则是同一消费水平内少部分顾客所感兴趣的主题。当然，不同消费水平的顾客必然存在共有的大众化主题，小众化主题也可能有跨越不同消费水平的顾客，但是对于主题饭店产品来说，主题不可能脱离价格存在，因此本研究的大众化主题与小众化主题将被锁定在具有同等消费水平的市场内。而且，由于文化的多样性，在同一消费水平内存在着很多大众化主题，如图 5.3 的每个三角截面都是一个大众化主题。同时，在同一消费水平内，也存在着很多的小众化主题。小众与大众的区别直接决定了主题饭店的目标市场，影响着主题饭店竞争优势的形成。

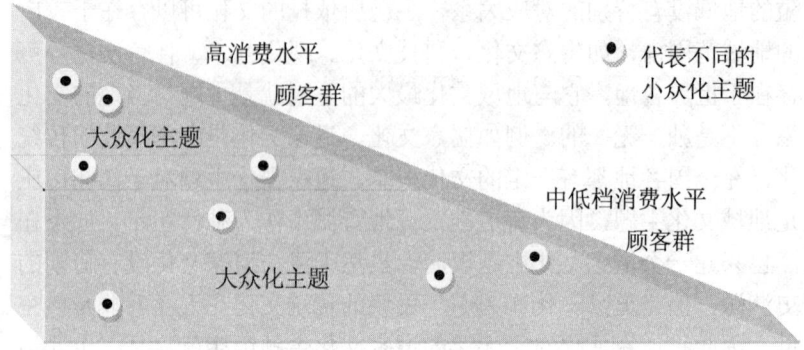

图 5.3　主题饭店的大众化主题与小众化主题

资料来源：作者整理。

5.2.2.1　大众化主题的竞争优势

大众化主题意味着主题饭店所选择的主题本身是被具有同档次经济消费水平的顾客所广泛接受的，主题本身对于顾客有广泛的吸引力，主题饭店通过引入大众化主题，可以为所有同档次消费水平的顾客带来价值创新。这样，一方面可以因主题创造的新的顾客价值而吸引新的顾客，另一方面可以因为主题提升了顾客价值而为饭店留住更多的回头客。

要特别注意的是，虽然某个泛泛的主题是为广大市场所接受的，但是前文探讨过文化认知维度的差别，在大众化主题的表面之下，人们对主题的认知和感兴趣的维度可能还是会存在差异，这就需要主题饭店在确定主题时对主题的进一步明确，以及主题开发过程中对主题元素的轻重取舍。

总的来说，大众化主题可以帮助主题饭店找到顾客共有的潜在价值需求，全面提升饭店所创造的顾客价值，创造主题饭店区别于其他饭店的竞争优势。

5.2.2.2　小众化主题的竞争优势

小众化主题是主题饭店根据少部分人鲜明的文化偏好而选择的

文化主题,选择了小众化主题就意味着主题本身只能对偏好该主题的小部分人群增加价值、产生吸引力,那些对主题没有偏好的顾客则不会体会到价值增值,甚至当顾客对主题本身很排斥时会感受到饭店降低了顾客的价值。因此,就主题本身而言,小众化主题只适用于本身以该小众市场为目标市场的主题饭店。这也就意味着小众化主题饭店要以小众化主题为纽带锁定自己与顾客的关系,成为为某些特定顾客服务的专项饭店。小众化主题饭店的顾客规模虽然相对较小,但是顾客对主题本身的忠诚度高,围绕主题需求的集中度高,有利于饭店深入挖掘顾客的主题需求,以主题的深度开发来创造竞争优势,吸引并培育忠诚的顾客。小众就意味着市场的有限性,主题饭店要于有限的市场内利用主题创造竞争优势,就要围绕主题进行集约、深度的开发,使顾客在饭店内获得对主题真实、深刻、甚至是专业的感知。

也就是说,小众化主题可以帮助主题饭店找到一个典型的细分市场,如果主题饭店有条件且有能力对这一细分市场进行开发,那么主题饭店将由于市场、产品的双重异质性获得区别于其他饭店的竞争优势。

当然,由于小众化主题与大众化主题是相对而言的,随着时间的推移,小众化主题也可能成为大众化主题。而且有的小众化主题其实只是表象,由于过去宣传方式、宣传力度的限制,人们对它的认识受到了限制,而主题本身实际上有着为大众创造价值的潜力。因此,主题饭店对主题市场规模的预期不仅要有观察力还要有预测力,要用发展的眼光来认识今天的小众化主题。

第三节 主题开发与主题饭店竞争优势

主题饭店的主题释放力和主题渗透力直接表现为各种主题要素与各种饭店元素的融合程度。没有主题只有饭店的是普通饭店,只有主题没有饭店的是博物馆,无论主题本身多么富有竞争优势,只有当饭店与植入式主题相融合时,主题饭店的价值才会出现。那么不同的融合程度是否会给主题饭店带来差异化的竞争优势?到底何种程度的融合才是最理想的呢?本节将探讨主题饭店在饭店实体与主题的不同融合程度下所产生的不同价值,以及其对主题饭店竞争优势的影响。

5.3.1 主题与饭店的融合方式

主题由文化本质与文化载体两个基本部分构成,顾客对饭店价值的认知来源于物化环境和人化环境两类认知载体,当主题的不同部分与饭店不同部分融合时,饭店的顾客价值认知载体必然会发生变化,本节将分析不同融合方式,并探讨它们给顾客价值认知载体带来的变化。

5.3.1.1 主题与饭店的融合要素

5.3.1.1.1 主题的文化本质和文化载体

根据第三章对主题饭店的定义,主题饭店的主题是一个已经存在于社会中的独立的文化概念。由于"文化"本身是一个多层次的概念,根据庞朴先生的文化结构层次论,从形式上,文化有物质层面、制度层面和精神层面三个层次,因此从任何一个作为主题饭店主题的文化概念的表达来讲,既可能落脚于物质层面,如石文化、芙蓉花文化、草原文化、电影文化,也可能落脚于制度、风俗习惯层面,或者是同时落脚于物质与制度层面,如纳西东巴文化,也可能是落脚于精神层面,如道文化、禅文化、儒家文化等,当然还有可能同时落脚于多个层面,如瑞士文化、威尼斯文化等。同时,根据上一章的论述,从性质上,一个文化概念本身既植根于某种文化本质,又表现为某些文化载体,文化本质是人类自己根据自身对宇宙真理的认知而建立起来的一套价值系统,文化载体是承载和传递价值系统的符号形式。因此,虽然作为主题饭店主题的文化概念表达的落脚点是不同的,但是在主题开发的过程中,既可能涉及对文化载体的开发,也可能涉及对文化本质的开发。

5.3.1.1.2 一般饭店的顾客价值认知载体

在服务经济背景下,为了突出无形服务的中心地位,研究者们提出了"服务环境"这一概念。这一概念的提出虽然强调了有形物质对无形服务的重要意义,但也决定了其从属于无形服务的次要地位,一定程度上局限了有形物质的作用范围。尤其是随着体验经济时代的到来和消费者的不断成熟，消费者对于一个服务产品的认知来自对服务产品的全面体验，那些一直被称为"服务环境"的部分与服务人员一同被顾客感知，形成顾客无形的服务体验，那些有形产品不再仅仅辅助无形服务，而是也逐渐成为无形体验的来源，影响着顾客的服务体验。

在饭店中实际上有两类行为主体，顾客对饭店的认知载体就来自这两类行为主体，即顾客与员工，其接触内容涉及顾客、员工的行为过程以及他们的行为结果。诸如饭店的建筑设计、空间布局、装修装饰、设备安置、员工制服、饭店标识等非人要素都源于饭店员工的行为，它们作为一种既定的或者是先在的行为结果出现在顾客面前，形成了顾客与饭店所有元素互动的静态硬件背景。这一静态背景区别于顾客与饭店互动过程中所接触到的动态的顾客行为过程和动态的员工行为过程，由于顾客与员工各自具有主体性，其行为不可能被完全标准化，这些行为过程会随着顾客的变化、员工的变化、顾客与员工互动发展的变化而变化，也就是随着服务的开展而发生变化。这也是一直以来饭店服务无法像有形产品那样标准化、服务感知无法同一化的根本原因。因此，对于顾客来说，虽然在体验的过程中越来越难以区分环境部分与核心部分，但是在其体验的过程中却客观存在着包含人物互动与人人互动两种不同互动规律共同作用下的认知规律。而在人物互动过程中，与顾客互动的对象正是原来"服务环境"去社会化概念所指向的饭店硬件，只是从性质上它不再是服务的环境，而成为了顾客服务体验的物化环境；在人人互动过程中，与顾客互动的对象是顾客服务体验的人化环境。物化环境与人化环境共同成为饭店的服务体验环境，构成一般饭店的顾客价值认知载体。

（1）物化环境。

根据滨特（Binter，1992）去社会化要素的服务环境概念，饭店服务体验的物化环境构成包括潜在环境（包括温度、空气质量、噪音、音乐、气味、干净等）、空间和功能（包括空间布局、家具陈设、设施设备等）、标示符号和工艺品（包括室内外装修风格、装饰品、饭店商标标识等）三个部分。

（2）人化环境。

与物化体验环境的物理构成不同，饭店人化体验环境是饭店中的人的行为，而且是被赋予了角色——饭店员工的人的行为。角色是个人在社会关系体系中处于特定社会地位、并符合社会要求的一套个人行为模式，具体而言，是以个人在社会组织或社会团体活动中所具有的身份或所分担的任务来说明其社会行为的。角色既赋予了个人权利和义务，也赋予了其相应的态度与情感。正因为此，人们在认知社会角色时就会从功能与情感两个方面进行认知，作为饭店员工，顾客不仅要对其业务技能进行认知，如办理入住手续的速度、解决房间问题的能力、回答顾客咨询的能力等，而且要对员工进行服务时的态度和情感进行认知，如员工的微笑是不是真诚、员工的问候是不是真心、员工的帮助是不是体贴等。

这里要特别说明的是，相对于某一顾客而言，饭店里其他顾客的行为过程也会成为这一顾客服务体验的人化环境部分，而他们的行为一方面由顾客的主体性决定，难由饭店控制；另一方面又与饭店服务体验的物化环境和人化环境有关。因此笔者在这里将顾客行为看做顾客与服务体验环境互动的产物，不将其放入服务体验环境内予以研究。

5.3.1.2 主题与饭店融合的矩阵图

"从文化哲学的角度，可将文化的生命结构概括为'形'与'神'的统一，其'神'是文化的内在精神和核心价值，其'形'是文化所生长和依附的生活方式及其符号化的表现"[1]。根据主题的文化内涵，可以将主题分为文化本质与文化载体两个层面，分别代表主题这个文化概念的"神"与"形"；根据顾客对饭店价值认知的载体，可以将饭店分为物化环境和人化环境，由于物化环境来自饭店相对静态的、没有精神的物理环境，而人化环境来自饭店员工动态的行为过程，因此

---

[1] 朱贻庭：《论文化的"形神"结构与弘扬优秀文化传统》，《探索与争鸣》，2007，4：60～63。

物化环境可以被看做饭店的"形",而人化环境则是饭店的"神";主题的"形"与"神"分别和饭店的"形"与"神"相结合,构成了主题与饭店融合的矩阵图(如图 5.4 所示)。

主题	文化本质	神形融合 价值理念的文字表达;直观阐释;创新演绎	神合 员工践行
	文化载体	形合 各功能区域内融合;开辟主题展示区域	形神融合 员工解释;员工表演
		物化环境	人化环境
		饭店	

图 5.4　主题与饭店融合的矩阵图

资料来源:作者整理。

5.3.1.2.1　主题与饭店的"形合"

主题的文化载体与饭店的物化环境相融合,主题饭店通过将主题的各种文化载体植入到饭店的物化环境中,使饭店的硬件外形因为与文化载体的"形合"而拥有了主题标签,使顾客的直观感知与主题发生关联。如西藏饭店主体建筑外墙被刷成与布达拉宫统一的红白黄三色,室外廊灯形似转经筒,大堂地面铺有青稞花图案的地毯,墙壁上悬挂有"天路"、"神光"等藏式壁毯,店内飘散着藏香的淡淡清香,房间内上窄下宽的家具设计和羊皮灯罩,以及其他藏式装饰品等;又如拉斯维加斯卢克索饭店的大型狮身人面像入口和金字塔外形,饭店大堂的两座巨型金色法老雕像和无数侍从雕像,饭店每一块砖上截然不同的法老王雕刻,饭店房间内以古埃及文化为内容的装饰画和装饰品等。这些植入了主题的文化载体的物化环境给顾客以最直观的冲击，因此很容易使顾客在饭店与主题之间建立关联。

不同于一般的服务企业，由于饭店拥有多种服务项目，每一个服务项目都有一个相对封闭的服务空间，顾客在这个服务空间里的体验既是整个饭店体验的一部分，也是针对某个服务功能的一次完整体验。因此，根据饭店的服务空间，一般的饭店可以首先被分为饭店院落区、饭店大堂区、饭店客房区、饭店餐厅区、饭店会议区、饭店康乐区、饭店内部商店等服务区域。每一个功能空间内又都包括潜在环境（ambient conditions）、空间和功能（space and function）以及标示、符号和工艺品（signs, symbols and artifacts）三类物化环境。因此，如表 5.1 所示，主题与饭店的"形合"主要涉及两个方面：一个是在各个功能区域内，通过利用主题特有的音乐或味道，或通过将表现主题的图案、色彩、材料、样式、故事、工艺等运用于饭店的物化环境，来实现各功能区内主题与饭店的"形合"；另一个是在一般饭店的共有功能区域外，主题饭店专门开辟一个对主题的文化载体进行集中展示的区域，如卢克索饭店的图坦卡门法老王墓室博物馆、西藏饭店的西藏文化购物长廊、威尼斯饭店二楼的商场区，则是将某一区域作为文化载体与饭店主题融合在了一起。

5.3.1.2.2 主题与饭店的"神形融合"

同样是在饭店的物化环境上做文章，主题与饭店的"形合"是利用主题的文化载体，而主题之神与饭店之形的"神形融合"是要借用主题的文化本质。文化本质是人类自己根据自身对宇宙真理的认知而建立起来的一套价值系统，为了很好地诠释主题的文化本质，主题饭店可以通过在饭店的物化环境中增加对主题所宣扬的价值理念的直接表达，或者是借助文字、图像、录音等对文化载体背后的文化本质作直观的阐释(如卢克索饭店图坦卡门法老王墓室博物馆 15 分钟长的解说录音等)，或者是创造新的文化载体对文化本质进行演绎（如鹤翔山庄根据道家"天人合一"的养身理念开发出养生宴、养生月饼、青城道茶）。

表 5.1 主题饭店的主题与饭店的"形合"项目表

	传统饭店功能区							主题文化载体	新增功能区
	院落区	大堂区	客房区	餐厅区	会议区	康乐区	商店	其他		
潜在环境			温度、空气质量						利用主题特有的音乐、香味甚至异域特有的空气感知等	主题的文化载体展示区
			背景音乐、电话等候音乐							
			气味							
空间和功能		建筑外观			各空间布局				增加表现主题的图案、色彩、材料、样式、故事、工艺等	
			家具							
			布草							
			电器设施							
	餐饮器皿、菜品质量、卫生用品、办公用品、其他家居用品、商店商品、康乐项目									
			灯具灯光							
标示、符号和工艺品			装修风格							
	装饰品(园艺、装饰画、各种工艺品等)、开机电视节目									
			员工服饰和铭牌							
	菜单、价目表、各种宣传资料、提示牌等									
			各区域名称、菜品名称							
			饭店 logo							
	饭店网页、饭店出版物、饭店接机牌、饭店商务用车									

资料来源:作者整理。

5.3.1.2.3 主题与饭店的"形神融合"

前面介绍了主题与饭店物化环境的融合,接下来将探讨主题与饭店人化环境的融合。首先是主题文化载体与饭店人化环境的融合。

主题之形与饭店之神的融合表现为饭店员工对主题的认知和表达。一方面,员工通过自己对饭店物化环境的解释和说明,可以使顾客对饭店的主题有进一步的认识,这又可分为两个层面:一个层面是员工对文化载体的表象认知,一个层面是员工对文化载体及其背后的文化本质的深层认知;另一方面,员工可以通过肢体行为来展现主题,如员工对文化风俗、制度的戏剧性表演,员工对主题相关的特殊工艺的演示等。以西藏饭店为例,大部分员工都对西藏非常熟悉,有的员工甚至就是藏族人,会说藏语,会唱藏歌,会跳藏舞,熟悉藏族的各种礼节,每到"欢乐时光",他们就会用生动的歌舞和风俗仪式来与顾客互动,让顾客感受藏族文化。

5.3.1.2.4 主题与饭店的"神合"

主题之神与饭店之神的融合意味着主题的文化本质成为员工自己的价值理念,员工不再是主题的讲解者、表演者,而成为了实实在在的践行者,主题不再仅仅是饭店某些部门想要打造的文化,而是成为了所有饭店员工自己的文化。

5.3.2 融合方式与顾客价值

施密特先生认为不同的体验与大脑的不同区域有关。"首先是丘脑中的感官系统,该系统用来处理视网膜、耳朵等感觉器官收集的光波、声波、触觉等信息。然后是爱好系统,分布在两个地方:一是在边缘系统和它旁边的扁桃体结构里,另一处是大脑新皮层。边缘系统里的'低级系统'和扁桃体能不加思索地迅速产生'内在的'喜好反应,而大脑新皮层则产生更复杂的情感。最后,大脑新皮层的其他部分负责产生认知、思维和创意"。此外,"除了感觉、认知和喜好,心理学家和社会学家认为体验还有两个元素:一是个人的长期行为(从生理体验到更广泛的日常行为和生活方式);二是关系体验,即个人从属于集体、社会和文化的体验"[1]。因此,施密特基于哲学、神经生物学、心理学和社会学思想,根据人脑对信息的特殊作用,将体验形式归纳为感官体验、感受体验、思维体验、行动体验和关系体验。主题饭店中主题与饭店的融合为顾客提供了不同于一般饭店的新的信

---

[1] 施密特著,刘银娜等译:《体验营销》,北京:清华大学出版社,2004:60。

息，丰富了他们的体验内容。虽然施密特的五种体验形式并不是根据人们所接触的信息划分的，同样的信息可能会引发多种不同的体验，从而给顾客带来不同维度的价值，但是不同的信息内容所引发的同一体验形式的强度又是存在一定差别的，因此主题与饭店不同的融合方式将给顾客带来不同的体验变化，从而决定不同的顾客价值。以下将分析主题与饭店的不同融合方式为顾客创造的不同价值。

5.3.2.1 "形合"与顾客价值

主题的文化载体与饭店物化环境相融合，就是要通过将文化载体中的颜色、图案、音乐、材料等对感官有直接冲击的要素融合到饭店的物化环境中，使顾客的感官能够浸润在主题要素的冲击下。由于这些主题要素是区别于其他饭店的，具有鲜明的独特性，因此对顾客的感官有很强的吸引力；由于饭店功能的多样性，这些主题要素可以涉及视觉、听觉、味觉、触觉、嗅觉等不同感官系统，因此对顾客的感官有广泛的吸引力；又由于这些主题要素是源于同一主题的文化载体，要素被统御于同一主题之下，要素之间有很强的关联性和连续性，因此对顾客感官的吸引力具有持续性和强化性。可见，主题饭店的"形合"能够给顾客的感官体验带来巨大的变化。

主题与饭店"形合"给主题饭店增加的独特的要素不仅能激发全新的感官体验，也可能由于要素的新奇性而启动顾客的思维体验。如果顾客对主题饭店的主题文化概念本身有着深刻的了解或某种特殊的情节，那么主题饭店"形合"还有可能引发顾客的情感体验、行动体验和关联体验。

主题的文化载体与饭店的物化环境的"形合"使顾客于感官层面获得直观的不同于其他饭店的美感价值，同时文化载体与物化环境的创意性结合会在启动顾客思维体验的过程中获得更多的知识价值。

5.3.2.2 "形神融合"与顾客价值

"在消费情景中，面对面的交流是引起强烈情感的最主要因素"。[1]主题饭店文化载体与饭店人化环境的结合使主题成为饭店员工与顾客

---

[1] 施密特著，刘银娜等译：《体验营销》，北京：清华大学出版社，2004：124。

进行交流和互动的一个新型媒介。这个媒介不仅增加了顾客和饭店员工的沟通内容,而且使顾客与饭店员工在饭店基本功能之外有了更多非功利性的文化交流,提升了沟通的层次,有利于顾客获得积极的情感价值。此外,这种融合使主题饭店员工不再仅仅是一个服务员,而且也是主题饭店的文化代表,通过他们直观的主题表演和适时的主题解说,可以给顾客带来更多的文化娱乐价值。

5.3.2.3 "神形融合"与顾客价值

文化载体与文化本质相比,文化载体更容易被人们直观认知和理解,而文化本质所内含的价值理念是深邃的,因此它对于激发顾客的思维体验具有更大的潜力。当主题的文化本质与饭店的物化环境相融合时,无论是文化本质的文字表达还是围绕文化本质进行的各种创造,由于其内涵深邃,因此当顾客与其接触时,很容易激发思维体验,获得知识价值。但是,主题饭店毕竟不是有关主题文化的专业研究基地,顾客也不是为了主题文化的学术研究而来住店,因此顾客的思维体验还有赖于饭店在表现文化本质时所采取的形式以及抽象与具象相结合的表达方式。

如果"神形融合"能够兼顾顾客的感官体验,那么这种融合方式也能够提升顾客的美感价值。此外,如果顾客对主题所承载的价值理念是认可甚至笃行的,那么这种"神形融合"还会激发顾客的关系体验,给顾客带来道德价值、心灵价值等高层次的精神价值。

5.3.2.4 "神合"与顾客价值

当主题所内含的积极的价值理念成为饭店员工笃行的价值理念,并且从饭店员工的言行举止中自然流露出来的时候,一切由主题与饭店融合所引发的顾客体验都将变得更加"真实"。

"从当代存在主义哲学的人类学观点出发,现代人一直在寻求真实性"[1]。在"商品化"、"市场化"日益充斥现代社会的大背景下,在顾客与企业接触的过程中,无论是商品信息还是服务中所形成的人际关系,顾客对"真实性"的感知越来越弱。于是,顾客一方面在现

---

[1] 埃里克・科恩著,巫宁等译:《旅游社会学纵论》,天津:南开大学出版社,2007:125。

实的日常消费体验中降低了真实性标准，但是另一方面也更增加了其内心对"真实性"的渴求。当主题饭店将一个社会文化体系中既有的文化概念引入饭店时，顾客对饭店的体验，不仅有饭店功能、饭店服务"真实性"的体验，还会有主题"真实性"的体验。客观上来说，饭店物化环境要实现主题的绝对"真实性"是很困难的，饭店毕竟不是博物馆，饭店的物化环境更多是对绝对真实的模仿，是"形似"。相反，人的价值理念是实实在在的，对于一种价值理念的践行并没有时空的限制。但是，当饭店仅仅是将主题内涵的价值理念作为自己的企业理念公之于众时，当饭店员工只是将主题内涵的价值理念熟记于心时，顾客是很难体会到这种价值理念在饭店的真实性的。只有当员工从言行举止中让顾客感觉到他们对主题价值理念的笃行时，顾客才会感觉到"真实"，而且这种真实会强化顾客对饭店其他主题元素的积极体验。

顾客对"真实性"的体验来自顾客对饭店员工身上所体现的价值理念的认同和赞许，这种人格的认同会对顾客产生精神的召唤，使顾客获得道德价值和心灵价值。此外，当顾客感受到主题所内含的积极的价值理念真正就是饭店员工自己的价值理念时，说明顾客已经感受到了该饭店员工不同于其他饭店员工的精神状态，这种精神状态必然给顾客带来全面提升的基础功能价值。

5.3.2.5 不同主题饭店与融合价值

四种融合方式只是饭店植入主题时可能采取的方式，并不意味着是四种类型的主题饭店。从目前主题饭店的发展来看，"形合"基本上是所有主题饭店共有的融合方式，只是程度上有所差别而已。大部分饭店目前尚处于"形合"层面，如四川成都的芙蓉丽庭饭店；而有的饭店则在"形合"的基础上加入了"形神融合"，如拉斯维加斯威尼斯人饭店、四川成都的西藏饭店；有的饭店则在"形合"的基础上同时加入了"神形融合"和"形神融合"，如四川成都的鹤翔山庄。主题饭店不同的融合方式对应着不同的顾客价值创新。同时，当不同的融合方式组合在同一主题饭店时，由于每种组合方式都是围绕主题的价值创新，不同融合价值之间有关联性和连续性，所以不同融合价值并不是简单的加总，而会产生"1+1>2"的效果。以关系体验所创造的社会价值为例，当主题饭店只停留在"形合"或者"形神融合"层面时，主题饭店带给顾客的文化归属价值是非常有限的，但是当主题饭店同时完成了这四种方式的融合时，其为顾客创造的社会价值将是非常巨大的。

此外，相同的融合方式所创造的顾客价值大小也是因主题饭店而异，因为不同的主题饭店虽然采用了相同的融合方式，但是在融合程度上是存在差别的。同样采用了"形合"，同样都创造了"美感价值"，但是拉斯维加斯的主题饭店与国内的主题饭店所创造的感官吸引是不同的；同样都采用了"神形融合"，同样都创造了知识价值和精神价值，但是卢克索饭店直观的文化阐释与鹤翔山庄围绕"天人合一"开发的养生宴、青城道茶对顾客的吸引是不同的；同样都采用了"形神融合"，都创造了情感价值和娱乐价值，但是西藏饭店的"欢乐时光"和鹤翔山庄的养生功法所产生的吸引效果是不同的。

5.3.3 顾客价值与竞争优势

主题与饭店融合所创造的新的顾客价值说明，对顾客来说主题饭店较一般饭店有异质性，但是这种异质性的程度如何，这种异质性的持续性、复制难易度如何，如何使这种异质性真正成为主题饭店的竞争优势，则是希望通过主题与饭店的融合获得竞争优势的主题饭店所迫切渴求的，也是我们研究主题饭店竞争优势生成机制要进一步探讨的。

5.3.3.1 "形合"价值与竞争优势

5.3.3.1.1 "形合"的广度与竞争优势

顾客对饭店的感官体验是伴随着顾客与饭店各部分的接触而持续进行的。某个部分、某个细节的主题化设计能够给顾客带来不一样的感官体验，但是某个或某几处物化环境的异质相对于顾客浸润的整个饭店物化环境来说是非常微不足道的，其所表现出的"主题化"特色也是非常有限的，而且这种异质带给顾客的美感价值也是很容易被顾客遗忘，甚至是很容易被顾客忽视的。美感并不是主题特有的价值，只有将"形合"系统化，使"形合"进入顾客与饭店接触的每一个环节，才能使顾客于饭店生活中很自然地接触和注意到，从而使这种主题美感在顾客与饭店各种物化环境的接触中得到一次次的强化，使顾客无法脱离主题的包围，进而激发顾客的思维，让顾客深刻地感知并记住主题饭店的这种异质性。

因此，主题饭店在进行"形合"时应该尽可能地让主题的文化载体紧密地"跟踪"顾客对饭店的整个体验过程。从顾客搜寻饭店信息开始，饭店名称、饭店宣传资料、饭店网站的设计要给顾客主题的感官体验；顾客预订饭店时，主题饭店可以从电话的标准应答语、电话等待音乐方面进行主题设计；到机场接客人时，可以从饭店的接机牌、接机人员的服饰、商务车辆的内饰等方面进行主题设计；顾客到达饭店时，首先看到的是饭店的外观和院落，同时饭店的外观和院落也是饭店对外最直观的吸引要素，因此饭店外观和院落设计中主题的直观融入是很重要的；然后是饭店门厅及大堂，它们在很大程度上决定着顾客对饭店的第一印象，而且由于大堂的空间大、顾客停留的时间较长，因此这里也是"形合"最容易出彩的地方；接下来就是客房、餐厅、康体、购物等功能区域，这些区域强调文化载体与饭店功能设施的融合；此外，主题饭店还可以专门开辟主题文化载体的展示区域，以突显主题。

总的来说，"形合"的广度要坚持以下几个原则：

（1）全面与重点相结合的原则。

主题饭店的每一个面客空间区域都不应该被排除在"形合"之外，但是各个空间区域又可以根据顾客的行为习惯来决定"形合"的力度。越是顾客长时间停留的区域越要强化"形合"。

（2）大手笔与小细节相结合的原则。

具有强感官冲击力的大手笔的"形合"对于吸引顾客的眼球、给顾客留下深刻的印象是很重要的，甚至会成为饭店的典型代表，如饭店对大型主题标志性载体的高仿真复制，或者饭店拥有珍贵的文化载体真品。但大手笔不仅成本高，而且对于空间往往有高要求，因此这类"形合"贵在精而不在多。小细节的"形合"则不同，它缺少冲击力,但却有很强的渗透力,它如涓涓细流,会让顾客于不经意间发现主题美感,给顾客带来"润物细无声"的影响。

(3) 功能与美感相结合的原则。

虽然引入了一个成熟的主题,但是主题饭店的定位是饭店,必须尊重饭店基本的功能,主题要为饭店"锦上添花",而不能"画蛇添足"。因此,主题文化载体与饭店物化环境的融合、主题美感的创造必须以饭店每个功能区域、每个设施设备的基本功能的发挥为前提。

5.3.3.1.2 "形合"价值的资源基础与竞争优势

从"形合"的广度要求来看,主题饭店"形合"价值所需要的工程量是很大的,但是从"形合"价值的资源基础来看,这种价值又是很容易被复制和模仿的。一方面,"形合"所依托的往往并不是饭店内部的资源,而是公开市场上专业的设计资源。虽然在主题饭店发展初期,各主题饭店自身对"形合"的系统性认识差别会带来主题饭店"形合"价值的差异,但是这种认识上的差异随着主题饭店理论与实践的发展会越来越小,或者很容易被专业的主题饭店设计单位所弥补。另一方面,"形合"所创造的新的美感价值很容易被新的主题饭店的美感价值或者非主题饭店特色的美感价值所取代。这一点在拉斯维加斯主题饭店的发展过程中已得到了充分证实。"形合"所创造的价值是新鲜的,但也是很容易在新的新鲜面前相形见绌的。因此,依托于外部资源的"形合"价值为主题饭店创造的竞争优势是短暂的。

5.3.3.2 "形神融合"价值与竞争优势

5.3.3.2.1 "形神融合"的深度与竞争优势

主题饭店员工对主题的认识和了解程度直接决定了顾客与员工以主题为媒介的交流平台的大小。就好像一个景区的导游,如果导游只能机械地介绍给游人一些人所共知的常识性的知识或典故,而对于游人更细致和深刻的问题无法回答时,游人与导游交流无疑是很少的。相反,如果导游对于景区的了解是多层面的,游人不仅会很愿意与导游交流,而且还会因导游渊博的知识而表示倾慕。如果主题饭店员工对主题的认识也能像一位知识渊博的导游那样,那么顾客不仅能获得知识价值,而且会与饭店员工建立起平等友善的关系,获得积极的情感价值。否则，即使有主题这个平台，员工也无法利用这个平台为顾客带来新的顾客价值。

5.3.3.2.2 "形神融合"的新颖度与竞争优势

顾客的积极参与是在互动节目中实现主题饭店员工与顾客交流的前提，为了增加顾客的参与度，要在围绕主题的前提下保持互动节目的新颖度。心理层面的满足，即通过参与获得愉悦感、新鲜感或欢乐感，是顾客参与的一个重要动机，顾客会因为这些心理上的回馈而主动参与服务的生产和传递（Rodi and Kleine，2000；Dabholkar，1996；Holbrook and Hirschman，1982）。首先，要在节目内容上保持新颖度；其次，可以从顾客的参与方式上创造新颖度；最后，要在互动的娱乐效果上保持新颖度。只有这样，才能区别于其他饭店的互动节目，同时吸引新老顾客的注意，才能为主题饭店带来持续的竞争优势。

5.3.3.2.3 "形神融合"价值的资源基础与竞争优势

"形神融合"价值依托于饭店的员工，如果这部分人是外聘的专业人士，专门从事相关的主题演绎工作，那么这些人对于主题饭店来说是重要的，但却不是某个主题饭店所专有的，因此很容易流失；他们是主题饭店的一部分，但却是与饭店主要的服务工作脱离的，因此他们对饭店基本服务的影响有限，所产生的情感价值有限。但是，如果这部分人并非专业人士，而是普通的饭店工作人员，主题饭店依托于以主题为内容的培训体系对工作人员进行培训，使主题饭店员工成为具有相关专业知识和技能的人，那么人才与培养人才的机制共同构成了"形神融合"价值的基础。人才会流失，但是培养人才的机制不会流失；人才会落伍，但是培养人才的机制可以保持人才能力的与时俱进。因此，当"形神融合"价值依托于主题饭店的普通员工、依托于主题饭店专有的培训体系时，"形神融合"价值不仅得到了保证，而且获得了价值被持续创新的基础，从而使主题饭店拥有了持续的竞争优势。

5.3.3.3 "神形融合"价值与竞争优势

5.3.3.3.1 "神形融合"的巧度与竞争优势

除了纯粹度假型顾客，商务客、观光客、会议客都有很紧凑的行程安排，他们在饭店的活动空间和时间都是非常有限的，因此对于需要花时间和精力才能品味到高层次精神价值的"神形融合"来说，客观上能够为顾客创造体验的方便性和可能性是至关重要的。否则，"神形融合"的主题之"神"也就没有神韵，只有神形了，那样高层次精神价值所创造的竞争优势也就不复存在了。这就要求"神形融合"在形的选择上要求巧而不求多。总的来说，"神形融合"可以坚持以下几个原则：

（1）等候原则。

根据大卫·美斯特（David Maister，1984）所总结的顾客等候心理原则，无所事事的等待比有事可干的等待感觉要长。然而，生活中等候不可避免，在饭店中也是一样。前台总会有等候入住或结账的顾客，大堂吧总会有等候朋友的顾客，餐厅总会有等候餐友的顾客，会议室总会有等候开会的顾客……如果能够在这些区域适当地增加"神形融合"的设计，不仅顾客有时间体验、感受其中的精神价值，而且也会减少顾客等候时的无聊感。

（2）消费原则。

将主题的文化本质融合到顾客在饭店惯常的消费项目中，使顾客于普通的消费中体会到特别的顾客价值。如鹤祥山庄的长生宴、青城道茶等的开发就将"天人合一"的思想融入到了顾客的饮食消费中。

（3）店内体验与离店体验相结合的原则。

很多时候，顾客对主题的文化本质很感兴趣，但是迫于时间的限制而无法完成对"神形融合"的深度体验。主题饭店如果能够据此设计一些能够让顾客带走、供其离店后继续体验的产品，那么不仅使主题饭店为顾客创造的价值在时间和空间上得以延续，而且能够使主题饭店因此而获得一种更有效的宣传形式。

5.3.3.3.2 "神形融合"价值的资源基础与竞争优势

与"形合"相类似，通过饭店的物化环境来表现主题的文化本质在一定程度上离不开对专业设计的依赖。但设计只能决定"神形融合"所产生的感官刺激，而精神价值的大小则取决于主题所传递的价值理念本身对人们的意义和价值。因此，"神形融合"的价值根本取决于主题饭店依托于主题的特有文化本质,这就使某主题饭店的"神形融合"所创造的价值具有了与非主题饭店以及其他主题饭店的不易被复制的天然异质性,从而形成了主题饭店的竞争优势。

5.3.3.4 "神合"价值与竞争优势

5.3.3.4.1 "神合"的可信度与竞争优势

一个以"忠义"为主题价值理念的主题饭店以企业的名义做了很多回馈社会的"忠义"之事,人们会怀疑这只是饭店的营销策略;这个主题饭店的高层管理者身上有一些"忠义"的事例,人们会怀疑事例本身的真实性,认为只是作秀;当与顾客接触的主题饭店的大部分员工都于点滴小事中让顾客感知到了他们的"忠义"精神,人们会从内心给以赞许,会被他们的精神感染,会用一种全新的心态去认识和欣赏饭店企业、饭店高层管理者的"忠义"之举,会将"忠义"看成这个主题饭店的企业人格,会因为这种优秀的企业精神而更加信赖和喜欢这家饭店。

可见,虽然饭店离不开各种物化环境,也离不开高层领导的掌舵,但只有当顾客真正与饭店员工接触、亲自感受到员工的价值理念时,他们才能体会到企业的灵魂,才会因人格认同而增加对企业的信任,感知到更多的顾客价值。因此,主题饭店要通过在饭店全员中推广和落实主题价值理念来增加"神合"的可信度,增加顾客对精神价值和饭店基本功能价值增值的感知,形成主题饭店的竞争优势。

5.3.3.4.2 "神合"价值的资源基础与竞争优势

主题的文化本质与饭店员工自身价值理念的契合所创造的价值依托于主题饭店以主题的价值理念为核心的企业文化建设。企业文化是"企业里人们在实践中建设、共享、促进企业与人共同发展的一种文明精神准则,体现为集体价值观、思维方法和行为模式的互动;是基于企业历史优秀经验的提炼,结合他人或者其他组织的优秀之处,以先进理论为指导,以对人们的现实行为规范和未来引导为目标,在充分尊重人性规律的基础上,以激活每个人内心善的动力为手段,从而塑造出健全的集体人格,实现通过人的发展促进企业发展的基本目标"[1]。企业文化的精髓就是共同习得的价值观和理念。从这种价值理念得到员工认可,到价值理念内化于心、外化于行,到最后成为企业的共识、作为全体员工价值观的一部分对企业的生产经营发挥作用,这个过程不是一蹴而就的,需要企业持续地进行文化建设,需要从组织基础到制度规范、管理服务等一系列企业行为的保障。

"企业文化是饭店作为人员密集型企业核心竞争力的根本源泉"[2],一方面,企业文化具有异质性和难于模仿性;另一方面,企业文化使员工的价值理念得到强化或优化,有利于启动一种更为积极的心智模式,进而从源头上对员工的行为产生积极影响。尤其是对于无法完全标准化作业的服务企业来说,缺乏明确价值观指导的员工行为,难以理解顾客的需要,即使按照制度规定去做,也是僵硬的机械的行为。因此,主题饭店以企业文化建设为制度保障的"神合"价值是巨大的,并且是难以被复制的,为主题饭店创造了持续的竞争优势。

---

[1] 齐善鸿等:《道本管理:中国企业文化纲领》,北京:中国经济出版社,2007:190。
[2] 徐虹:《饭店企业核心竞争力研究》,北京:旅游教育出版社,2004:88。

第六章 主题饭店竞争优势形成的动态模型分析

从时间上来说,由于在主题及主题诉求既定的情况下,主题在饭店的释放和渗透必然有一个积累的过程,这个积累的过程会使主题饭店的竞争优势发生纵向的动态变化。从空间上来说,主题饭店作为一个社会产物,它的出现和它相对于其他饭店的变化会必然地引起内部员工与外部社会利益的变化,这种变化作为主题饭店的存在基础又会反作用于主题饭店,因此,这个于变化中相互影响的过程会使主题饭店的竞争优势发生横向的动态变化。本章将对这些动态变化进行详尽的分析。

第一节 竞争优势的纵向演进

根据前文对四种融合方式所产生的顾客价值以及为主题饭店带来的竞争优势的分析,不难发现,不同主题饭店的竞争优势之间是存在层级上的差别的,这种层级差别也客观上铺就了主题饭店竞争优势的纵向演进道路。本节将对主题饭店竞争优势的层级演进进行分析。

6.1.1 竞争优势的层级

主题的选择决定了主题饭店创造竞争优势的潜力,因此,在主题既定的前提下,根据主题与饭店的四种融合方式所创造的竞争优势及其生成的相对难易程度,可以将主题饭店的竞争优势分为四个层级,如图 6.1 所示。

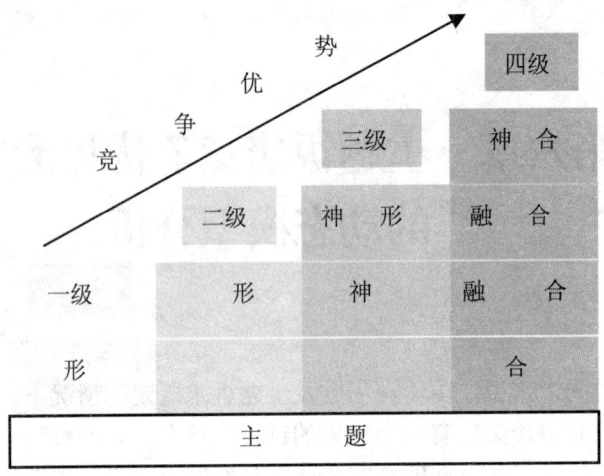

图 6.1　主题饭店竞争优势层级图

资料来源：作者整理。

6.1.1.1　一级竞争优势

当主题饭店只是通过用主题的各种文化载体包装饭店的物化环境、形成差异性的对顾客有吸引力的感官刺激来创造饭店的竞争优势时，就相当于非主题饭店通过设计有独特感官吸引力的饭店硬件来增加自己对市场的吸引力，硬件差异所创造的价值是很容易被竞争者模仿和超越的，所以其竞争优势是很有限的。但同时，因为这种通过"形合"创造竞争优势的方式最能在第一时间吸引顾客的眼球，而且运作方式比较简单，因此"形合"成了所有主题饭店的必然选择，也为主题饭店创造了最基本的一级竞争优势。

6.1.1.2　二级竞争优势

有的主题饭店只看重或者只看到主题的促销价值和主题饭店的"眼球吸引"优势，因此仅仅停留在"形合"阶段，满足于主题饭店竞争优势的一级方阵。有的主题饭店则看到了一级优势易被取代的先天缺陷，在硬件被主题包装的基础上增加了主题文化载体对饭店软件的包装，使饭店的员工成为主题的解释者和演绎者。通过员工的解释，"形合"所创造的顾客价值得到了扩展，甚至由"悦耳悦目"的美感价值上升到"悦心悦意"的知识价值和精神价值,增加了新顾客价值被竞争者替代的难度;通过员工互动式的演绎,不仅以更生动的方式向顾客展现了主题,而且以主题为媒介,增进了顾客与员工、顾客与饭店企业的情感互动和非商业交流,在一定程度上有益于顾客忠诚度的培育。

一般来说,"有形资源容易被模仿"[1]。主题的文化载体不仅是一种有形的资源,而且由于主题饭店的主题本身是社会共享的文化财富,因此主题的文化载体就更容易被模仿。"形合"将主题自有的有形载体与饭店的有形载体相结合,没有改变资源的有形性,因此容易被模仿。"形神融合"将主题自有的有形载体与饭店的无形资源融合,很大程度上增加了被模仿的难度,但给主题饭店带来的竞争优势还是很有限的,是随着时间的推移而递减的,很难让主题饭店在某方面达到非主题饭店难以超越的高度。也正是基于这样的考虑,很多人在谈到主题饭店时都会对主题饭店生命周期的问题很敏感,认为主题所带来的特色是极容易被时间冲淡的,主题可能需要在一段时间后被迫调整。然而,主题饭店的竞争优势远不止于此,也不是那么容易被模仿和取代的,主题的文化本质这一无形资源将为主题饭店带来更大的竞争优势。

6.1.1.3 三级竞争优势

主题的文化本质是指主题这个文化概念本身所内含的价值理念,是主题的文化载体所具有的内在精神。如果主题饭店引入主题不只是特殊的文化载体本身,而是用形象的文化载体烘托出一个启迪人心灵的价值理念,希望借这个主题文化概念来映射主题饭店积极的企业文化。那么主题饭店所给予顾客的不仅仅是新鲜的事物,还有独特的精神。事物可以"依葫芦画瓢",而精神则易"东施效颦",所以主题具象载体基础之上、主题特有价值理念的突出既有益于主题饭店竞争优势的提升和持续,又可对具象载体起到"画龙点睛"的提升效果。然而,价值理念的体现有直观的价值表达与自然的行为表现两种方式,直观的价值表达最直接,对于主题饭店来讲也更容易,但单纯的价值

---

[1] 徐虹:《饭店企业核心竞争力研究》,北京:旅游教育出版社,2004:94。

表达就好像是书本上的教条,对于顾客的影响是有限的,而且顾客会质疑这种"宣称价值理念"的商业用途,从而降低顾客所获得的精神价值。如果能够兼顾直观的价值表达与自然的行为表现,那么教条就会变成真实案例的引子,宣称就会成为毋庸置疑的事实,主题饭店的竞争优势就会达到一个新的高度。

6.1.1.4 四级竞争优势

当主题饭店的主题从饭店企业的表象物质文化层面进入到饭店的企业文化层面,从企业文化的价值表达层面又进入到企业文化的行为表现层面,主题就变成了对主题饭店的企业文化最恰当的概述,变成了主题饭店最鲜活的标签。"形合"、"形神融合"、"神形融合"、"神合"不再是孤立的,而是主题饭店的各组成部分以不同的方式对饭店企业文化的一种全面表达和再现,它们共同统一于主题饭店以主题价值理念为核心的企业文化之下,从而使主题饭店于企业文化层面超越了其他饭店,获得了不可模仿的竞争优势。与有着鲜明企业文化的非主题饭店相比,由于这样的主题饭店所拥有的企业文化植根于顾客所熟悉或向往的文化概念,因此更有吸引力;有着系统且形象的物化表现形式,因此更有影响力;有着丰富的文化内涵和知识内容,因此更有感召力。与有着新奇物化环境的饭店相比,由于这样的主题饭店有价值理念为底蕴和支撑,不仅有诱人的外表,还有让人流连的内涵,而且内涵与外表统一于一个独特的主题概念之下,因此更有持久性。

同时,主题文化与企业文化的这种融合不仅帮助主题饭店屏蔽了仿制者,而且也为主题饭店注入了不断增值的推动力,在主题文化本质的引领下,主题饭店将实现对主题内涵的不断积累和主题引导下企业价值的持续提升。

6.1.2 竞争优势演进的本质规律

6.1.2.1 顾客价值的系统性扩张

6.1.2.1.1 顾客价值认知的系统性
(1) 认知的整体性。
感觉(sensation)是人脑对直接作用于感觉器官的当前客观事物

的个别属性的反映。知觉（perception）是人脑对直接作用于感觉器官的当前客观事物的整体属性的反映。感觉反映事物的属性，知觉反映事物的整体，感觉是知觉的基础，知觉是感觉的深入。因此，感觉是最基本最简单的心理现象，没有感觉不仅不可能产生知觉，而且也不可能产生其他一切心理现象。在日常生活中，极少有单纯的感觉，当我们感觉到某一事物的个别属性时，同时也就反映了该事物的整体。不可能离开某一具体事物去单纯感觉它的个别属性，感觉到的个别属性愈丰富，对事物的知觉就越完整。但知觉不是许多感觉的简单堆积，而是各种感觉的有机整合，知觉对客观现实的反映比感觉更真实、更完整。"事实上，在大多数情况下，环境信息的获得是通过多种感觉器官共同作用的结果。在环境知觉中，不同的感觉互相起着加强或削弱的作用，尽管迄今为止这种相互作用机制还不甚清楚，但许多现象表明，当不同的感觉提供了同一信息时，对环境的感知就会更加深刻"[1]。

（2）认知的连续性。

顾客对饭店体验环境的价值认知过程也就是顾客通过对大量有关饭店信息的加工处理来了解饭店的过程。由于顾客对整个饭店的认知来源于顾客在整个住宿体验过程中所获得的信息，信息涉及不同时间所接触到的不同空间环境内的不同信息，因此顾客对整个饭店的价值认知过程必然包含一系列连续的子认知过程，只要服务体验没有终止，顾客对饭店价值的认知过程就没有结束。而且前一个认知过程会影响下一个认知过程，前一个认知结果会作为一种既有的思想直接影响后一个认知过程。

可见，从时间维度来看，顾客对饭店的价值认知是一个连续的过程；从空间维度来看，在每一个时点的认知过程中，顾客又是在对认知载体中的多个要素进行整体知觉。

6.1.2.1.2 主题饭店顾客价值的系统性扩张

既然顾客对饭店的价值认知是系统的认知，那么局限于某个服务环节、某种服务产品的价值创新对整体饭店价值认知的影响会非常有

---

[1] 俞国良、王青兰、杨治良：《环境心理学》，北京：人民教育出版社，2003，4：39～40。

限。由于顾客对饭店每个单元的认知彼此之间是相互影响的,同一时间的五官感知会彼此影响,顾客在大堂逗留、在客房休息、在餐厅用餐等时间内形成的对饭店的认知之间也会互相影响。某个点上的价值创新可能被整个面上的价值贫乏所淹没;散落于多个服务环节的多种价值创新也许能够在不同时点上给顾客带去某种增值的价值,却难以在顾客心中产生价值的累加效应。

尤其是对于精神层面的顾客价值来讲,顾客物质需求能够通过实实在在、看得见的利益得到满足,比如:饭店提供免费上网服务,顾客马上就可以网上遨游;饭店提供多种 SPA 服务,顾客就可以随时得到放松。顾客的精神需求则不同,它要通过服务体验中的真实性来得到满足,比如文化的真实性、情感的真实性、价值观的真实性等。当然,这种真实性并不意味着绝对的真实,只是顾客的一种感知。比如,应用于所有顾客的标准化的问候语难以给顾客以精神的满足,因为顾客没有体会到真实的情感蕴含其中;个性化的问候语虽然也是经过了饭店的设计,但是对于顾客来说则更具真实性。对于整个饭店来说,顾客对真实性进行判断的一个重要客观依据就是价值载体出现的频率。还是以饭店问候语为例,如果顾客只是听到了饭店门童的个性化问候语,而其他饭店服务员都是标准化的问候语,那么顾客只能感受到门童情感的真实性,并对他的工作热情给予赞许,而无法对整个饭店获得真实性的感知。

主题饭店由于是围绕主题展开顾客价值创新的,因此先天地具有将顾客价值统御于主题之下的系统性潜力。但是,潜力并不等于实力,不同主题饭店所创造的新型顾客价值的系统性是有差别的。这种差别也就在一定程度上决定了主题饭店所拥有的竞争优势的差别。顾客价值在主题的统御下不断获得扩张的过程也正体现了主题饭店竞争优势得到演进的过程。

6.1.2.2 顾客价值的层次性提升

6.1.2.2.1 顾客价值的层次性

人的需求可分为物质需求与精神需求,顾客所期望的价值利得则可分为物质效用价值与精神价值,物质效用价值惠及顾客身体,而精神价值则惠及顾客的内心。同时在精神价值层面，精神价值又有差别，有的精神价值只是悦人耳目，有的悦人心情，有的则滋养心智。因此，对顾客来说，不同的顾客价值对他们的影响是不同的。由于物质价值具有消耗性，因此容易被顾客遗忘；而精神价值具有建设性和生产性，因此会对顾客产生持续的影响，而且精神价值的层次越高，其建设性和生产性就越强。

6.1.2.2.2 主题饭店顾客价值的层次性提升

物质效用价值是传统饭店为顾客创造的普遍价值（如可口的食物、舒适干净的客房等），低层次的精神价值是很多饭店都在努力实现的目标（如漂亮的饭店大堂、亲切的饭店服务等），高层次的精神价值是一些饭店正在追求的目标（如倡导环保的绿色饭店等）。主题饭店引入了一个本身就带有精神价值的主题，因此主题饭店在创造饭店普遍的物质效用价值的基础上必将为顾客创造一定的精神价值。但是不同的主题饭店为顾客创造的精神价值并不处于同一个层次，这就在一定程度上决定了主题饭店与其他竞争者相比所拥有的竞争优势强度，处于低层次精神价值层面的主题饭店将面临更多的有替代潜力的竞争者，而达到高层次精神价值层面的主题饭店则因为独特的精神价值而更具竞争力。因此，当主题饭店所创造的顾客价值在层次上不断提升时，也就意味着其竞争优势正在演进。

6.1.3 竞争优势演进的瓶颈

主题饭店四个层级的竞争优势，从时间序列上反映了一个主题饭店在发展过程中要经历的四个演进阶段，因为四个阶段竞争优势的获得客观上有难易性差别和时间性的需求，所以主题饭店竞争优势的发展大体上都需要经过这样一个时间累积的过程，但这并不意味着所有的主题饭店都遵循这样的一个发展逻辑。主题饭店从下一级竞争优势向上一级竞争优势演进必然要面临四个瓶颈。

6.1.3.1 物化环境的主题真实性

因为主题饭店的主题是一个从社会文化体系中植入的文化概念，这个主题本身有它特有的文化载体，所以，当主题饭店引入该主题时，无论从哪个方面、在多大程度上表现主题,首先都必须要尊重主题,保证物化环境中主题要素的真实性。这里的真实性不是指饭店物化环境中的主题要素,而必须是反映主题文化的"真品",是以"舞台真实"(MacCannell, 1973)为标准的,并不排斥那些标明仿制身份、向顾客传递真实主题信息的"赝品",坚决排斥的是那些向顾客传递错误主题信息的"低级赝品"。因此,这种真实性就对主题饭店认知主题的专业能力提出了要求,成为主题饭店获得竞争优势要突破的第一个瓶颈。

6.1.3.2 品牌创建的全员参与性

任何一个主题饭店的创建都不是一个单纯的饭店诞生的过程,特殊的主题定位使主题饭店从一开始就进入了一个品牌建设的过程。由于主题饭店的品牌有很强的专业性,所以主题饭店的建设总是离不开对专业人士的依赖。然而,专业人士可以代替饭店员工决定主题饭店的物化环境,却无法代替饭店员工决定主题饭店的人化环境。只有让员工全面地参与到主题饭店的建设过程中,使员工了解品牌主题选择的原因和意义,培养员工对主题文化的喜爱,甚至在选择员工阶段就考察员工对主题文化的兴趣,才能激发员工对品牌主题、主题相关知识和技能的热情,保证"形神融合"的实现,并为"形合"的改进和提升储备了力量。因此,主题饭店品牌创建的全员参与性是主题饭店由一级竞争优势向二级竞争优势演进需要突破的重要瓶颈。

6.1.3.3 品牌主题的价值明确性

正如我们在前文所讲的,有些主题饭店在选择主题时并没有考虑主题所关联的价值理念层面,它们只关注主题文化载体对顾客产生的吸引力,因此所获得的竞争优势也必然局限于一、二层级。从客观上来讲,主题饭店对主题载体的引入较主题文化本质的引入是相对简单的。首先,由于主题文化概念来源于不同的文化层面,有的主题有鲜明的文化载体,却没有给人印象深刻的价值理念;其次,并不是所有的价值理念都能给顾客带来积极的影响,主题的价值理念既要能方便饭店向顾客传递,又要能够通过饭店的传递满足顾客的某种需求。这就需要主题饭店一方面对主题的文化本质进行挖掘,另一方面将主题价值理念的鲜明性和可塑性也作为主题选择的标准。只有明确了主题的价值理念所在，主题饭店的竞争优势才可能晋升到第三级。

6.1.3.4 企业文化建设与主题饭店品牌建设的融合性

主题饭店引入一种全新的品牌创建方式——植入式主题，它不仅可以通过全新的外观、特别的品牌名称给饭店塑造一个全新的品牌，还可以在植入式主题自有价值理念的引领下为饭店开启一种个性的内在文化，因为植入式主题本身就是文化载体与文化本质的统一体，因此以该主题为品牌主题的品牌建设也就有条件为主题饭店创造一个内外兼修的品牌。然而，品牌的外观可以在短时间内打造，而品牌的内涵是需要长时间培育的，是需要以坚实的企业文化建设工作为基础的。一方面，主题饭店要于企业行为中不断地践行饭店品牌主题中所内含的价值理念；另一方面，要使主题所内含的价值理念成为主题饭店员工共同认可并自愿践行的价值理念，从而使顾客在与主题饭店、主题饭店员工接触的过程中真正体味到主题带给顾客的价值，进而感知到主题饭店的魅力。

第二节 微观视角下主题饭店竞争优势的横向延伸

本节将立足于主题饭店的微社会环境，着重分析主题饭店所具有的增值员工利益的能力，以及这种增值给主题饭店竞争优势带来的动态变化。

6.2.1 顾客价值创新与员工利益增值

6.2.1.1 顾客价值创新对员工能力提出新要求

根据前文的分析，主题要素与饭店中人化环境的融合是主题饭店围绕主题创新顾客价值的一种重要方式。由于这种方式以饭店的员工为直接资源基础，直接表现为员工对主题相关知识的讲解、对主题相关技能的展示、对主题相关价值理念的笃行，而这些工作内容完全不同于一般饭店员工的工作，因此必然对饭店员工的工作能力提出新的要求。

6.2.1.1.1 对主题相关静态知识的了解

一个主题文化概念的内涵是极其丰富的,涉及多种维度、多个层次的文化知识,员工只有对主题的相关知识有所了解,才能更好地向顾客阐释自己饭店的主题,才能在顾客有疑问时从容地应答。

6.2.1.1.2 对主题相关动态技能的掌握

一些主题,尤其是传统文化主题,其文化系统中有很重要的一部分是动态的技能,如传统歌舞表演、传统工艺等,员工只有掌握了这些技能,才能在口头讲解之外以更生动的方式来演绎主题。

6.2.1.1.3 对主题相关价值理念的践行

主题相关价值理念是主题所依托的文化系统的本质,价值理念可以通过书面和口头的表达让顾客有所了解和领悟,但是只有员工"现身说法",才能让顾客受到更真实的感染。

以上是在顾客价值创新的目标下,主题饭店对员工能力可能提出的新要求。由于这些要求的满足或者会提高饭店的人工成本(直接雇用专业人士),或者会提高饭店的培训成本(雇用一般员工,然后进行全面的主题培训),所以很多主题饭店并不将这些要求用于主题饭店的普通员工,一些主题专业技能的演绎会专门雇用专业人士,对主题相关知识的系统了解仅限于主题饭店的个别部门(如文化部门),只有简单的一般性的主题知识才可能进入所有普通员工的培训课程,而价值理念的践行层面还是大部分主题饭店尚未触及的层面。因为主题饭店毕竟不是主题博物馆,饭店员工也不是专业学校毕业的博物馆解说员,因此这样的安排对于主题饭店有一定的合理性,但却极大地降低了顾客的价值感知。在饭店生活过程中,顾客频繁接触的就是饭店的一线员工,主题知识与一线员工的分离也在一定程度上屏蔽了顾客与主题饭店特色——主题的自然接触。因此,主题饭店应该转变思路,提高一线员工的主题认知。事实上,如果这种新需求能够启动主题饭店新的培训机制,那么所产生的成本与产生的效益相比是微不足道的,其对主题饭店的意义是超越顾客价值创新本身的。

6.2.1.2 员工新能力的获得增值员工利益

6.2.1.2.1 从服务顾客的技能到自身的精神能量

传统饭店在对一线服务员工进行培训的过程中使员工获得的是服务于客人的能力以及保证这种服务能力的抽象的企业文化。在这种服务能力的获得过程中,员工更像是一个交换器,他们从饭店接受培训获得低技术含量的服务技能,然后将这些技能完全释放给顾客,这些技能本身对于员工个人素质的提升则非常有限。主题饭店则不同,主题饭店在基本服务技能之外对员工进行的与饭店主题文化相关知识的培训不仅能够提高员工对顾客的主题相关的服务能力,而且主题知识本身会成为员工自身的知识和精神能量,因为主题相关的知识并不是专属于饭店服务的,它本身是能够提升个人文化素质的精神财富。主题饭店员工置身于被主题包裹的物化环境中,又通过主题饭店的培训获得主题相关知识和技能,可以在潜移默化中拓宽自己的知识结构,提升自己的文化素养。员工不仅将主题展示给了顾客,为顾客创造了新型价值,也使自己得到了主题文化的滋养。

6.2.1.2.2 从单调的服务工作到丰富的文化生活

传统饭店的员工所从事的服务工作是单一和程式化的,客房服务员、餐厅服务员、前台服务员等不同岗位的服务员都有各自固定的工作内容和流程,甚至他们与顾客的交流也是程式化的和有限的。主题饭店的员工则在基本服务工作之外增加了有关主题的培训和工作内容,这些培训和工作不仅为创新顾客价值奠定着基础,也在一定程度上丰富了员工自己的文化生活。

6.2.1.2.3 从被动的满足需求到主动的激发需求

传统的饭店服务中顾客是服务的要求者,一线员工总是在合理的范围内尽可能地满足着顾客的普遍性需求,同时由于顾客手中握有最终的评判标准,因此员工的服务总是不可避免受到一些严苛甚至挑剔的评判。也正是这种被动的服务与接受评判,客观上在员工与顾客的心理产生一种不平等的状态。主题饭店的员工则在被动满足顾客传统饭店功能需求的同时获得了主动激发顾客文化需求、提供主题相关的文化服务的机会。由于员工接受过主题饭店的特定主题知识的相关培训，因此相对于大部分顾客来说，员工是这个特定主题方面的专家，在顾客的面前，员工不再是被动地接受评判，而是自己手握裁判标准的主动展现。在这样的情况下，顾客甚至会对员工的"博学"萌生钦佩，即使是对主题有特别关注或专业研究的顾客，员工对于一个非专业领域的了解也会让这些顾客感到欣慰。于是，主题饭店的员工不仅用主题知识平复了自己内心的不平衡，而且也切实地得到了更多的认可和尊重。

6.2.2　员工利益增值与竞争优势

较高的员工流动率一直是困扰我国饭店企业的难题。员工的合理流动对于饭店保持新鲜血液是有益的，但是过高的流动率就会导致饭店财力、物力、信息等资源使用效率低下、经营成本上升、服务质量无法保证等问题。根据中国旅游饭店协会发布的《2005 中国饭店业人力资源研究报告》，"一般来讲，正常的员工流动率分布在 8%～10%，调查结果显示的饭店员工流动率呈分散趋势，分布在各流动率之间的百分比相对平均，但是多数饭店的员工流动率高于正常水平"。通常认为，员工最主要的跳槽原因就是被其他行业的高薪所吸引，中国旅游饭店业协会的调查中，这个比例占到了 76%以上，要从其他饭店获得提升的占到了近 20%。但是，经济吸引和升值背后是否还有更深层的原因呢？难道饭店只能靠金钱和位置留住人才吗？如果回答是肯定的，那么可以据此得出推论：饭店员工的高流动率在短期内无法改善。因为，饭店的利润是一定的，很难满足员工对物质刺激无止境的要求，饭店需要经验丰富的优秀管理者，但也同样需要经验丰富的优秀一线服务员，不仅饭店的机构设置无法创造那么多的升职机会，而且内部一线员工的频繁升迁也会给饭店带来同样的服务质量无法保证的问题。因此，饭店需要重新认知这一调查结果，寻找留住员工的有效方法。

齐善鸿教授在其"道本管理学说"中提出，"当人们还没有足够理性认知到工作对自己的意义时，就需要外部推动力，也就是外部刺激；而最终维持行为的持久力量一定是来自自我内心的驱动力"[1]，因为人天生有主体性权利，每个人都是自己的主人，"只要人人知道是为实现自己的梦想而奋斗，人人都可自我激励"[2]，真正的激励是"由内向外的、驱动人们行为指向目标的一种精神内驱力，是人的内在之力"。"只有用健康的精神才能从人们内心激发出来，并把外部的刺激转化成为积极的、对自己有意义的激励"。"如果外部刺激没有促成内在精神追求成长，而只是促成了物质欲望的迅速膨胀时，施加这种外部刺激的组织就是在培养'叛徒'，这也是把人'动物化'、'魔鬼化'的最有效方法"[3]。可见，解决饭店人员流动率高的问题不是单纯的物质刺激能够解决的，关键是要使员工在工作中找到快乐，找到实现自我的意义，形成自我激励。从主题饭店为员工带来的利益增值中不难看出，主题饭店为帮助员工形成自我激励创造了先天的优势条件，有利于吸引人才、留住人才。

6.2.2.1 提升职业价值

2000年中华英才网对深圳百种职业的声望进行了排行调查，结果显示在100种职业当中，饭店服务员的岗位排名第94位。由于饭店服务员工作的技术含量低，加之现阶段客观存在顾客对员工的优越心理，饭店服务员往往成为人们求职工作中退而求其次的选择，而且一旦有机会就选择跳槽。主题饭店的员工不同于一般饭店，他们不仅可以有娴熟的服务技能，而且能够学到主题相关知识和技能，这不仅提升了主题饭店员工工作的技术含量，而且也提升了主题饭店员工的文化素质。他们不仅是一名普通的服务员，而且是一名拥有专业才能的"主题专员"，这有利于员工提升自己的职业荣誉感，获得与顾客平等的人格感知，改善员工的服务心理，形成积极快乐的工作心态。

6.2.2.2 提升员工自身价值

员工在主题饭店工作不仅获得了物质回报，而且通过主题知识和技能的学习得到了精神的滋养，一方面，这是员工的工作内容，员工

---

[1] 齐善鸿：《道本管理：精神管理学说与操作模式》，北京：中国经济出版社，2007：187。
[2] 同上：168。
[3] 同上：188。

需要掌握；另一方面，这些内容有利于员工自身价值的提升，员工乐于掌握。员工不再紧盯传统的升迁机会，因为主题知识和技能的精进成为他们自我实现的途径，如果主题饭店能够同时设置主题文化的"激励阶梯"，给处于不同主题专业水平的员工以鲜明的文化标签，那么饭店一线员工就变成了名副其实的"文化人"，他们不再是简单地提供服务，而是要更加积极地展现自我。而且由于文化知识和技能需要时间积累，服务员自身的价值也随着时间的增加而不断增值，员工无需再耗费精力担心自己工作被更年轻的人所替代，可以在主题饭店设计自己较长期的职业生涯规划。

6.2.2.3 创造文化感召

虽然一般饭店也有企业文化，但是，一方面，主题饭店的企业文化围绕主题展开，较之于一般饭店更形象、更系统、更易以各种不同方式渗透于饭店方方面面；另一方面，主题饭店企业文化中的价值理念植根于主题，该价值理念配合以各种鲜活的文化载体，更容易为员工所认知，而且其脱离于主题饭店企业而客观存在的非商业利益性也使其更容易为员工所认可，对员工产生文化感召。

主题饭店的这些独特优势条件有利于对员工形成精神激励，如果再辅之以适宜的物质激励，那么将提高员工对饭店的满意度和忠诚度，进而保证员工对顾客的服务质量，从管理效率层面、顾客价值层面为主题饭店创造优于其他饭店的竞争优势。

6.2.3 增值员工利益的基本方法

6.2.3.1 有效的招聘

在一线服务员层面，直接招聘有主题专业水平的员工有助于在短时间内创新顾客价值、提升饭店的竞争优势，但是其成本往往较高，而且这部分员工也不愿意同时兼任其他服务工作，只希望在饭店从事专职工作。因此，除非是一些需要专业人士才能胜任的主题演绎工作，否则，主题饭店并不需要将主题专业水平作为招聘普通员工的标准。只要在一般饭店员工录用标准的基础上优先录用那些有一定主题专业技能特长，或者是没有任何主题知识基础，但对主题饭店的特定主题非常感兴趣的员工就可以。因为主题饭店不仅仅是要让员工将自己的技能贡献给饭店，为饭店输入能量，还要通过培养和服务为员工输入能量。

6.2.3.2 有效的培养
6.2.3.2.1 兴趣培养与知识培养相结合
如果关于主题知识和技能的培训是采取填鸭式的灌输方式，那么主题知识培训与其他服务技能培训一样会让员工感到无聊，引起员工的反感。任何一个文化主题都有着丰富的文化内涵，都有诱人的一面，关键是主题饭店是否能够激发和调动员工的兴趣。在兴趣建立的基础之上，员工对于主题知识的学习由被动变成了主动，更有益于知识和技能的掌握，因此兴趣培养与知识培养要相结合，不能急功近利忽视兴趣培养。

6.2.3.2.2 全员培养与重点培养相结合
任何一个主题饭店的员工都有了解饭店文化的权利，而且任何一个员工都可能与顾客接触，获得向顾客展示主题魅力的机会，因此主题饭店应该对全员进行主题专业的培养。但是，不可否认，每一个员工的学习能力不同，因此，主题饭店要在全员培养的过程中对个别有资质的员工进行重点培养，并在此基础上形成"帮红"机制，带动饭店其他员工主题能力的提升。这里要特别注意的是，重点培养不是一次性的，而是持续性的，每一个合理的时间周期内都有重点培养的机会。重点培养的机会应是公平竞争的结果，而不是任人唯亲的黑幕。

6.2.3.2.3 全面培养与专才培养相结合
主题的文化内涵是非常丰富的，所涉及的知识和技能也是很多样的，员工很难掌握所有知识，这就需要主题饭店在培养的过程中既要使员工对基础性的知识有较全面的认知，又要因兴趣、年龄或者是部门的差异有所侧重，培养一系列"专项标兵"。

6.2.3.3 有效的激励
6.2.3.3.1 服务员工与服务顾客相结合
饭店的工作是围绕顾客展开的，员工的一切培训都和服务顾客紧密相关，但是主题本身不仅对顾客有价值，也对丰富员工的生活、提升员工的文化素质有重要意义。虽然这是一种客观效应，但是主题饭店应该通过员工内部主题活动的开展让员工更加深刻地感受到主题对他们自身的意义和价值。

6.2.3.3.2 主题激励与传统激励相结合

员工的主题素养和服务技能是主题饭店不可偏废的，因此主题饭店需要首先建立双轨的激励制度，一个是对掌握主题专业知识的激励，一个是对提高服务技能的激励，分别设立相应的级别和标签；然后在这两轨均达到一定高度后进行并轨，给以更高层次的激励。这样，既有利于激励不同能力员工的积极性，又利于激发员工的全面发展，保障主题饭店的竞争优势。

第三节 宏观视角下主题饭店竞争优势的横向延伸

福特汽车公司的董事长比尔·福特说："一个好企业与一个伟大的企业是有区别的，一个好的企业能为顾客提供优秀的产品和服务，而一个伟大的企业不仅能为顾客提供产品和服务，还竭尽全力使这个世界变得更美好。"本节将立足于主题饭店的宏观社会环境，着重分析主题饭店所具有的给外部社会利益增值的能力，以及这种增值给主题饭店自身竞争优势带来的变化。

6.3.1 顾客价值创新与社会利益增值

6.3.1.1 顾客价值创新与文化弘扬

虽然主题饭店是希望从社会文化中植入一个先在的主题来创新顾客价值，但是这一过程本身却客观地弘扬了该主题所依托的文化。一方面，借着主题饭店这个与市场紧密接触的实体，主题文化得以为更多的群体所了解和认识；另一方面，借着主题饭店渗透于饭店生活各处的主题表现方式，主题文化得以更简洁、更直观地被人们认识并记在心里。当主题饭店所植入的是一种濒临消逝的文化，那么主题饭店对该文化的合理开发不仅是弘扬、保护了这种文化，甚至是复活了这种文化。

6.3.1.2 顾客价值创新与目的地形象

"整体旅游体验是由一系列的交易和行为体验组成的","在旅游业中,一个目的地要具备竞争力并取得成功,就必须提供一系列高质量的产品/服务交易流"[1]。因此,饭店作为整体旅游产品的重要构成,饭店体验也是目的地旅游体验的一个重要组成部分。瑞奇(Ritchie,2003)根据目的地品牌的聚焦等级将目的地的子项体验要素区分为核心要素、次级要素和外围要素,其中,饭店属于次级要素。可见,饭店体验是目的地旅游体验的重要组成部分。同时,维克多·密德尔顿(Victor Middleton,1988)强调"住宿设施的类型和建筑风格对许多目的地的影响并不亚于目的地对住宿设施的影响"[2],如果顾客对饭店的体验能够和顾客对目的地核心要素的体验紧密联系、一脉相承,那么顾客对饭店的体验将有利于目的地形象的塑造和提升。

对于传统的饭店,顾客对饭店的体验更多的是基于饭店传统功能的体验。因此,从饭店体验对目的地整体体验的影响来说,主要是饭店的硬件档次和服务质量通过影响顾客对目的地服务水平的体验,来影响顾客对目的地的体验,进而对目的地形象产生影响。主题饭店则在较传统饭店创新顾客价值的同时,也增加了对目的地形象的影响,不仅可以影响目的地服务水平,而且可以通过直接影响顾客对目的地核心要素的体验影响目的地的形象。

从主题饭店的概念来讲,主题饭店的主题是一个于主题饭店之外独立存在的文化概念,这个文化概念所内含的内容本身具有与饭店所在地其他文化资源一样吸引游客的潜力。但同时,由于饭店的客人类型在很大程度上依赖于目的地的发展,因此,为了确保市场对主题的认可,主题的选择往往要考虑目的地已有的旅游资源和品牌形象。根据主题与本土文化的关系,本书将主题分为地域文化主题、异域文化主题、非地域文化主题三类。其中,第一类是直接来源于当地的传统文化,成为当地依托于传统文化的旅游吸引物的扩充,有益于对地域

---

[1] Otto J.E., Ritchie J.R.B.. Exploring the quality of the service experience: a theoretical and empirical analysis. Advances in Services Marketing and Management, 1995, 4: 37-61.

[2] 维克多·密德尔顿著,向萍等译:《旅游营销学》,北京:中国旅游出版社,2001:365。

文化遗产的发扬,因此这类主题饭店对目的地形象的积极影响是显而易见的。虽然异域文化主题与非地域文化主题不是来源于当地的传统文化,但是,要想保证对顾客的吸引,这两类主题饭店要在尊重当地旅游形象的基础上对主题进行选择,也等于是在当地旅游目的地形象内开辟了新的吸引要素,因此有利于进一步提升当地的旅游目的地形象。以拉斯维加斯的主题饭店为例,基于拉斯维加斯娱乐型目的地形象而选择的异域文化主题饭店不断深化着拉斯维加斯的这一市场形象。而且,基于顾客价值创新的主题饭店竞争优势的纵向演进过程是一个对主题不断深入开发、不断释放主题本身的价值的过程,这个过程不仅会促使主题饭店不断发展,也是对目的地核心吸引要素的提升,会带来目的地竞争力的增强。

可见,主题饭店基于顾客价值创新的竞争优势生成过程将在客观上启动主题饭店企业积极参与目的地品牌形象建设的工作,主题饭店竞争优势的不断提升同时也意味着目的地核心吸引力的放大甚至提升,意味着目的地品牌形象的进一步加强。

6.3.1.3 顾客价值创新与国家软实力

一个国家的发展,从根本上说,在于它的综合国力的全面提升。按照美国哈佛大学教授、美国国防部前部长助理约瑟夫·奈的观点,一个国家的综合国力既包括由经济、科技、军事实力等表现出来的"硬实力",也包括由一国的文化、价值观念、社会制度等方面具有的国际感召力和吸引力所表现出来的"软实力"。一方面,硬实力是一个国家强壮的身躯,它支撑着一个国家的发展命脉;软实力是一个国家不朽的精神,它导引着一个国家的发展前途;两种实力各有重用、不可偏废。另一方面,我们不得不承认强大的硬实力不仅是一种威力的表现,也是对外界的威慑,一个国家硬实力的单方面高度发展往往会使其他国家产生危机感,不仅不利于世界的和谐发展,也不利于本国的持久发展。相反,软实力是一种精神的吸引,它源于人们对文明价值的共识,它带给国际社会的是一种对文化的向往,留给自己的是更多发展的机会。因此,在和平与发展的时代主题下,面对世界政治多极化和经济全球化的发展格局,在硬实力被惯性发展的同时必须高度重视软实力的提高,这样才能保证硬实力的发展方向,保护硬实力的发展成果,进一步提升综合国力。

而"软实力的核心是文化力"[1],饭店先天对提升国家文化力有重要价值,很多主题饭店则进一步提升了这一价值。饭店在对外文化交流中处于特殊位置,是一个重要枢纽。以饭店为场地,各种民间活动以及国际性节庆活动的开展不仅加强了交流、对话和合作,而且还增进了友谊和发展,特别是有利于我们全面了解、吸收多元丰富的异国文化,实现我国民族文化和外来文化的融合和发展,从而推进民间外交,也为整个世界人类文化的繁荣作出贡献。与此同时还有助于极大地提升中华民族的国际地位,展示中华民族的时代形象。然而有一点遗憾的是,我国饭店业起步及发展落后于西方的历史也让我国的饭店在发展的过程中更多地处于西方饭店模式的阴影之下,从饭店的设计到标准化配置到服务理念,我国的饭店总是唯国外成熟的饭店品牌马首是瞻,因此总是在给别人的文化力做嫁衣裳,未能形成我国饭店业独特的竞争优势,不利于培养我国饭店企业在国际上的文化力。

主题饭店不同于传统饭店的地方就在于它在提供服务的同时也在全方位地释放着一种先在的社会文化,如果这种文化是依托于我国特有的传统文化或现代文化,那么,在主题饭店的建筑、装潢和服务与管理中,中国文化将渗透其中,使顾客在多角度的饭店生活中从多个侧面体会到中国文化的魅力。

6.3.2 社会利益增值与竞争优势

迈克尔·波特(Michael E. Porter)与马克·克雷默(Mark R. Kramer)将企业社会责任分为两类:一类是反应型的,另一类是战略型的。"反应型企业社会责任仅指企业做好自己的本分,战略型社会责任则是寻找能为企业和社会创造共享价值的机会,它包括价值链上的创新和竞争环境的投资。另外,企业还应在自己的核心价值主张中考虑社会利益,使社会影响成为企业战略的一个组成部分。企业承担社会责任不

---

[1] 高占祥:《文化力》,北京:北京大学出版社,2007:1。

仅仅是要避免做出危害社会的事,也不应该只包括向当地慈善机构捐款、为救灾工作出力,或者救济社会穷困人口。诚然,这些贡献都非常有价值,但企业社会责任中最重要的任务就是要在运营活动和竞争环境的社会因素这两者间找到共享价值,从而促进经济和社会的共同发展。"[1]主题饭店先天地承担了战略性的社会责任,使社会利益增值与竞争优势提升之间形成了互益的运动,不仅主题饭店在形成竞争优势的过程中增值了社会利益,而且社会利益的增值也进一步增强了主题饭店的竞争优势。

6.3.2.1 提升了饭店的文化价值

主题饭店在开发主题的过程中,自身也变成了主题所依托的文化的一个新型载体,这就使主题饭店的文化价值在一定程度上与主题本身的文化价值联系在了一起。主题使饭店由一个典型的经济实体变成了一个典型的文化实体。一方面,以主题为桥梁,主题饭店更多地也更容易地获得社会更多的关注,扩大了知名度。另一方面,以主题为纽带,主题饭店将获得很多可遇而不可求的稀缺资源,如当地政府的支持、主题相关单位的支持、专业人士的支持,等等。而且主题饭店的发展与这些资源的获得将互为养料、相互促进,帮助主题饭店不断地进行文化价值的积累,也同时使主题饭店进入"越沉越香"的持续价值增值过程中,从而获得持续的竞争优势。

6.3.2.2 提升了饭店的国际竞争力

从饭店业的发展历史来看,我国饭店业可以说是最早与国际接轨的行业,但是当其他行业纷纷走出国门挑战国际市场时,我国的饭店企业依然未能走出国门进行"客场作战"。这种状况的出现不是因为我国的饭店企业有"恋家"情结,不愿意出去,而是因为还不具备"客场作战"的能力。由于我国饭店业的发展滞后于发达国家,因此我国饭店业的发展走的是一条对国外先进模式进行模仿、模仿遇阻继而改良的道路,并没有培养出真正属于自己的独特的竞争优势,不要说"客

---

[1] Michael E. Porter, Mark R. Kramer. Strategy and Society: The Link between Competitive Advantage and Corporate Social Responsibility. Harvard Busniess Review, 2006, 12.

场作战",就连"本土作战"都尚未表现出明显的竞争优势。在经济迅猛发展的今天,文化的影响力是根本性的,也是最容易让人接受的,以中国特有文化为主题的主题饭店或许能够成为打造中国饭店品牌独特竞争优势的一条蹊径。

第七章 主题饭店竞争优势形成机理的应用——以成都京川宾馆为例

四川成都京川宾馆成立于 1984 年；1985 年正式营业；1996 年被评为三星级饭店；2002 年底开始围绕三国文化主题对饭店进行全面改造；2004 年 11 月 6 日，京川宾馆荣获"四星级文化主题饭店"称号，成为第一家在国家授牌和证书中明确写有"文化主题"字样的主题饭店。同时，京川宾馆还被授予"国际主题饭店研究会永久会址"称号，被与会 170 多名嘉宾誉为"中国主题饭店的发源地"。这些年，京川宾馆更是成为我国主题饭店争相学习和效仿的对象。鉴于京川宾馆在我国主题饭店业界的特殊地位及其自身发展所体现出的周期性特点，本章将以京川宾馆为例进一步阐释主题饭店竞争优势的形成机理。

第一节 京川宾馆主题建设现状

本节将围绕影响主题饭店竞争优势的三个核心变量——主题的文化根基和市场背景、主题的价值诉求、主题与饭店的融合方式，分析京川宾馆的主题建设现状。

7.1.1 京川宾馆主题的文化根基和市场背景

7.1.1.1 京川宾馆主题的文化根基
7.1.1.1.1 京川宾馆三国文化主题释义

中国《三国演义》学会常务副会长兼秘书长、四川三国文化研究所所长沈伯俊将人们对三国文化的理解和诠释分为三个层次："第一个层次是历史学的'三国文化'观（或曰狭义的'三国文化'观），认为'三国文化'就是历史上的三国时期的精神文化；第二个层次是历史文化学的'三国文化'观（或曰扩展义的'三国文化'观），认为'三国文化'就是历史上的三国时期的物质文明与精神文明的总和，包括政治、军事、经济、文化等领域；第三个层次是大文化的'三国文化'观（或曰广义的'三国文化'观），认为'三国文化'并不仅仅指不等同于'三国时期的文化'，而是指以三国时期的历史文化为源，以三国故事和三国精神的传播演变为流，以《三国演义》及其诸多衍生现象为重要内容的综合性文化。"[1] 可见，无论从哪一个层次讲，三国文化都是一个非常宽泛的概念。因此，对于一个空间有限、表现手法有限、以饭店功能为主业的饭店来说，泛泛地使用三国文化进行主题建设，反而会用主题的形式抹杀了主题的本质。京川宾馆虽然将自己定位为三国文化主题，但实质上在主题建设的行动中将这一主题进一步精确为三国时期的蜀汉文化主题；同时，因为主题饭店毕竟不是完全写实的博物馆，必然会在尊重历史的基础上加入某种现代情感的阐释和积极的演变，所以如果援引前面三国文化概念的层次，那么应该是第三个层次，是大文化的蜀汉文化观。该主题属于本土地域文化主题，与京川宾馆所处的地理区域有重要历史渊源。

7.1.1.1.2 京川宾馆主题与本土的文化渊源

京川宾馆位于四川省成都市市区。成都是历史上魏蜀吴三分天下时蜀国的都城，受历史传统观念中"仰刘贬曹"思想的影响，一直以来，成都既承袭蜀汉文化，同时更被视为三国文化之"正统"。历经近两千年风霜，成都保留了大量三国时期的蜀汉文化资源，其中最具代表性的是位于成都中心市区有着"三国圣地"之美誉的武侯祠，还有位于成都市区周边的"先主寺"、"点将台"、"八阵图"等，就连成都一些街巷的名字都与当年的历史有关。可见，京川宾馆集中于蜀汉文化的三国文化主题有着极强的本土附着性，虽然三国文化历史遗迹很多地方都有，但是蜀汉文化对于成都却是特有的，因此对于坐落于成

---

[1] 沈伯俊：《开发"三国文化之旅"的几个问题》，《中华文化论坛》，2003，2。

都的京川宾馆也是有一定专属性的。
7.1.1.2 京川宾馆主题的市场背景
7.1.1.2.1 三国文化的市场前景
很多人对三国文化的认识都是从《三国演义》开始的,作为中国四大名著之一,《三国演义》备受大众欢迎,其中的某些经典故事甚至是妇孺皆知,而且不仅在国内,在海外也有重要影响。尤其是近些年来,围绕着三国文化,书籍从正史解读、野史戏说、连环画册到现代实用性阐释,影视作品从电视剧、电影到大型动画片,甚至还出现了一些流行歌曲和大量动漫游戏,相关旅游项目更是不胜枚举。可以说,一个围绕三国文化的文化产业链雏形正在悄然形成,这正从一个侧面反映了三国文化所具有的广阔的市场前景,说明三国文化本身是受到市场青睐的,关键就看饭店要如何运用和表达它。

7.1.1.2.2 京川宾馆三国文化主题的市场基础
对于京川宾馆来说,不仅因为三国文化主题本身有着广阔的市场前景,而且地处蜀国之都的现实也使市场前景变成了实实在在的市场基础。很多人到成都旅游的一个目的就是在这方历史的土壤上去原汁原味地了解三国文化,京川宾馆作为成都旅游的一个辅助设施,由于它提供的顾客价值与来访这座城市的游客希望获得的价值是不冲突的,甚至很多时候是统一的,所以大部分酒店受制于目的地市场结构的瓶颈被京川宾馆与目的地相得益彰的市场关系所化解,京川宾馆得以将市场前景真正转化为自己的市场。

7.1.2 京川宾馆主题的价值诉求

京川宾馆以三国蜀汉文化为主题,其中,特别将蜀汉文化中为市场所熟识且受到市场赞誉的精神文化——"诚信与智慧"——作为京川宾馆的核心价值观,并且将京川宾馆的品牌标识设计成双龙图案,意寓"诚信与智慧"。且不论京川宾馆主题建设中对该核心价值观的渗透到什么程度,单从对该核心价值观的提炼可以看出,京川宾馆对三国文化主题的认识并不仅仅局限于文化载体,而是对文化本质的价值诉求。对于京川宾馆目前所实现的高度则需要从主题与饭店的融合方

7.1.3　京川宾馆主题与饭店的融合方式

根据作者前文所总结的四种融合方式对京川宾馆目前的主题建设成果作一个归纳，可以得到表 7.1 和表 7.2。从两表中可以直观地感知到，京川宾馆物化环境的主题化较人化环境的主题化更为成熟和完整。

表 7.1　京川宾馆主题建设表 A

	形合 各功能区域内融合；开辟主题展示区域	神形融合 价值理念的文字表达；直观阐释；创新演绎
品牌标识	双龙图：全馆不同地方采用雕刻、镂空、镏金、剪纸以及镶边式云图等不同方法表现该标识	寓意"传统文化与现代酒店"在京川宾馆完美结合，又蕴含"诚信与智慧"相结合的核心价值观
工服	迎宾员着汉服，普通员工的工服有三国主题符号	
建筑外观	外墙上有《桃园三结义》浮雕； 浮雕下方草坪上有真人大小的关羽雕塑； 宾馆大门处的景观石，采用了中国文化传说中的"四不象"雕刻元素； 地砖采用汉式风格的文化石； 白色墙壁、褐红色的房檐； 房檐檐头则采用"中国印"阳文表达，突显"京川"二字	宾馆大门处景观石背后是冯学敏撰写的《京川宾馆三国文化建设序》
大堂	地面中央采用宾馆的品牌标识"二龙戏珠"拼花及火的图案； 前厅正门上方是《迎宾晏乐》镏金浮雕； 两侧是《隆中对》、《千里走单骑》等反映蜀地三国时代风俗的镏金式雕刻壁画； 总台背景是《刘备入成都》金箔壁画，寓意视宾客为"刘皇叔"，体现最高礼遇、最大诚信的服务理念； 总台侧面有三国时期主要遗址及线路图； 大堂副理台采用镏金线条，样式古朴； 有主题背景音乐，曲目主要为三国主题歌曲和汉代古筝曲	总台左侧是由方北辰撰写的《京川宾馆赋》，采用红木刻书法挂匾的形式

续表

	形合 各功能区域内融合；开辟主题展示区域	神形融合 价值理念的文字表达；直观阐释；创新演绎
过道	大型画《三国鼎立神游图》、《蜀道揽胜图》以及其他以三国人物为内容的画	
会议	会议室内悬挂着三国相关字画、竹简等	会议室取名"明志厅"、"群英厅"、"广益厅"、"致远厅"、"铜雀台"
商店	主要商品均与三国有关，如川剧脸谱、人物雕塑、木刻和蜀锦	
客房	有专用的主题特色房卡和封套，上有《刘备入成都》缩微图案和品牌标识； 客房区域三个部分分别被命名为"成都宫"、"洛阳宫"、"建业宫"； 专设"蜀汉帝宫"、"诸葛相府"、"关将军府"、"张将军府"、"赵将军府"五间特殊套房，每间套房根据历史人物特点装饰； 客房色彩上尽可能还原三国时期流行色调，以黄、褐为主； 客房内有三国人物画像屏风、龙头灯、汉式家具、三国人物和故事字画； 床单上统一印制"魏蜀吴"书法符号，并采用汉代广为流行的隶书字体； 窗帘采用竹编式文化挂帘； 电视节目专设三国文化电视剧； 在每一间客房门前均设立了与客人姓名相对应的姓氏府第服务程序，如"张府"； 房间内有主题背景音乐	中英文图文并茂的《三国竞争妙计锦囊》图书； 小游戏"华容道"、"九连环"，客人完成有奖； 在楼层上下位置安排上，将"诸葛相府"置于"蜀汉帝宫"之上，有"功高震主"的史料含义，又含有对诸葛亮一生"鞠躬尽瘁，死而后已"的崇高敬意，但同时"诸葛相府"房间要小于"蜀汉帝宫"
茶坊	公共茶坊取名"聚贤堂"； 周围墙壁上有蜀国文化相关壁画、石刻； 有刘备汉中称帝时的巨幅群臣图； 另有主题风格装饰的"三国御品普洱茶坊"和高档茶室	"聚贤堂"正门正面楹联"精忠昭日月，大义贯青天"；背后楹联"丞相当年曾驻马，江山终古比蟠龙"；左侧门楹联"义存汉室三分鼎，忠在春秋一部书"；右侧门楹联"梁父吟成高士志，隆中对出义臣心"；后门楹联"三分割据纡筹策，万里笙歌奏太平"

续表

	形合 各功能区域内融合；开辟主题展示区域	神形融合 价值理念的文字表达；直观阐释；创新演绎
餐饮娱乐	餐厅取名"龙凤阁"、"蜀汉堂"；铭牌采用乌木雕刻工艺； 有蜀宫宴、三国宴、龙凤呈祥主题宴、关公赐福团年宴及三国风味菜等系列菜品，菜品以三国典故命名，如蜀都玄鸟、桃园结义、三顾茅庐、三足鼎立、群贤聚会、舌战群儒、草船借箭、空城操琴、古堰渔歌、诸葛馒头、蜀汉江山等	蜀宫乐宴模仿三国时期的宫廷乐宴，采用古代分桌而坐、歌舞佐餐的形式，服务员提供跪式服务； 开发三国行酒令，一令一词，一词一典故
特区	汉陶博物馆	

资料来源：作者根据实地调研整理。

表 7.2 京川宾馆主题建设表 B

形神融合 员工解释；员工表演	神合 员工践行
文化专员	无明确的管理规定和行为表现
馆内文化导游	
主题表演队	
茶艺师、琴师等专兼职岗位	
《三国宴服务流程》、《馆导服务流程》、《三国普洱茶服务流程》、《茶艺表演流程》	

资料来源：作者根据实地调研整理。

7.1.3.1 物化环境的主题化

从表 7.1 中可以看出，从整体装修风格到小细节的营造，从视觉感官到听觉体验，以文化载体出现的主题要素遍及京川宾馆的所有物化区域。可以毫不夸张地说，一个对京川宾馆没有任何认知的顾客，只要他对三国文化有一定的了解，在宾馆的任何一个功能区域都很容易感知出来三国的味道。相反，以文化本质出现的主题要素在物化区域的体现，即"神形融合"则是零星散落的，"诚信与智慧"并没有从物化区域中被鲜明地突显出来。

7.1.3.2 人化环境的主题化

客观来说，宾馆人化环境的主题化较物化环境的主题化要难度大得多，尤其是对于像京川宾馆这样改造而成的主题饭店，人才的培养远比物质的翻新困难。不过，从京川宾馆的主题建设现状来看，他们已经在作一些努力的尝试，如从饭店的岗位设置来看，京川宾馆进行了特别的安排。

7.1.3.2.1 文化专员

设置这个岗位是京川宾馆的首次尝试。文化专员并不属于饭店的正式编制，不受饭店馆规馆纪的约束，只在工作上受饭店老总的领导，目前并没有明确的岗位职责和岗位待遇。京川宾馆文化专员实际负责的工作可以归纳为：主题产品与活动的研究与设计，饭店主题活动的归纳总结与升华，直接提供高附加值的主题产品（如在做夜床服务时，为VIP客人创作名字"藏头诗"）等。

7.1.3.2.2 馆内文化导游

2004年在总台下设集顾客服务和文化讲解等多项职能为一体的馆内文化导游（简称"馆导"）一职，主要负责引领客人参观、介绍三国文化，当时只有1人。后来安总提出，能够给顾客讲解京川主题文化的不应该只是个别人，全馆人人都应该是"馆导"，只是"馆导"的水平有差异而已。所以目前由4位大堂副理兼任引领客人参观、专门介绍京川主题文化的"馆导"，同时加强了对全馆成员的文化培训，由文化部负责一级培训，各部门培训督导进行二级培训。

7.1.3.2.3 文化建设委员会

2004年建立，目前由总经理任主任，文化部经理任执行主任。下设表演组、宣传组和技术组：其中表演组有9人，负责主题表演；宣传组有6人，负责报纸的投稿等；技术组4人，负责主题活动的美工、音效、电脑制图等。文化建设委员会的成员被称为"文化员"，文化员由各部门推介，执行主任确定，文化员会参与饭店主题文化氛围营造的讨论，他们没有特别的补贴，但每年会举行活动。

7.1.3.2.4 文化部

2005年建立，隶属于总经理办公室，属于饭店的二级部门。主要负责饭店的报纸、内外宣传（包括网站）、店内主题文化氛围的营造，同时，文化部经理每月要对全员进行两次文化培训并进行考核。各部门内部的文化培训则由各部门的培训督导负责。

由于这些岗位对于京川宾馆来说基本都是无前例可循的创新举措，客观上还需要一个积累过程。根据笔者实地观察和访谈所了解到的情况，目前京川宾馆人化环境的主题化可以归纳为三个方面：（1）三国文化主题建设的一系列创新决策主要依赖于总经理，还没有建立起一个有效的主题文化建设的长效机制；（2）大部分员工对三国文化的认识和理解都局限于京川宾馆已有的三国主题文化元素，全馆除总经理和文化专员外，文化部经理和大堂副理对馆内的文化元素解析最全面，其他员工的熟悉程度则低些；（3）京川宾馆三国主题文化的灵魂——"诚信与智慧"的价值观——尚难以从宾馆从业人员的语言与行为中得到感知。

第二节　京川宾馆竞争优势表现及分析

基于上一节对京川宾馆主题建设现状的分析，本节将以一系列可见的经营成果为依据，围绕饭店关键性业务指标、员工管理指标、社会影响结果对京川宾馆的竞争优势进行分析，为下一节提出京川宾馆的进一步发展建议作准备。

7.2.1　饭店关键性业务指标的表现及分析

7.2.1.1　饭店关键性业务指标的表现

表7.3中详细列出了京川宾馆从2001年到2008年各年度的关键性业务指标：客房出租率、平均房价和宾馆总收入。

在京川宾馆进行主题建设以前，也就是2003年以前，京川宾馆在3亿元左右的投资总额基础上每年只有1700多万元的经营收入，而在京川宾馆于2002～2003年一次性投资1700万元进行主题改造后，2004年的经营收入就超过了2500万元，到2006年经营收入基本实现了对主题建设之前经营收入的翻番，到2008年，纵然在四川遭遇特大

表7.3 2001~2008年京川宾馆业务指标

年份	2001	2002	2003	2004	2005	2006	2007	2008
出租率（%）	60	68	83*	72	78	74	74	65**
平均房价（元）	184	162	227	231	307	344	338	348
总收入（万元）	1761	1780	1533	2566	3125	3400	3777	3969

资料来源：数据由成都京川宾馆提供。

注：＊京川宾馆2002年年底开始装修，2003年北楼没有营业，所以2003年客房出租率的计算基数降低，虽然遭遇"非典"但客房出租率反而很高。

＊＊2008年全年客房出租率受年中地震和下半年金融危机的影响。

地震、全球国际金融危机的恶劣外部环境的影响下仍然达到了近4000万元的经营收入。事实上，在2003年1700万元整体投资之后，京川宾馆每年追加用于主题建设的投资仅20万～30万元，而平均房价和经营收入都保持了持续且比较高速的增长（如图7.1、图7.2所示），除了特殊年份，客房出租率这些年达到并始终保持在70%以上（如图7.2所示），而且如表7.4所示，京川宾馆近几年的客房出租率大大高于全国四星级饭店的平均水平。

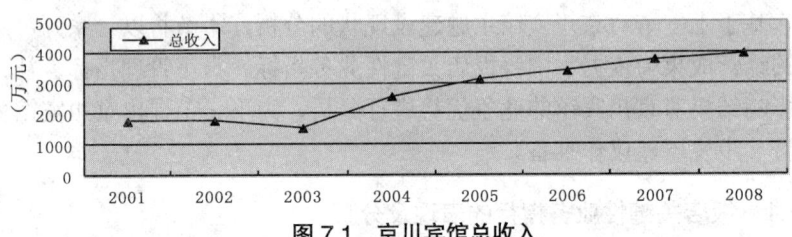

图7.1 京川宾馆总收入

资料来源：数据由成都京川宾馆提供。

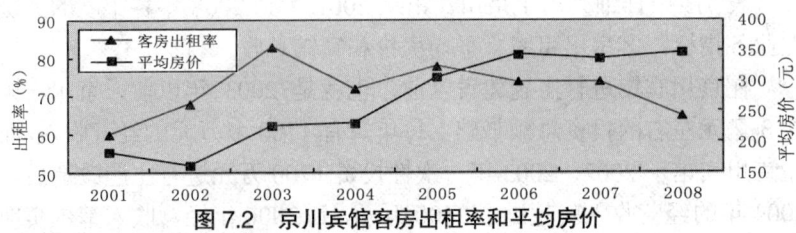

图7.2 京川宾馆客房出租率和平均房价

资料来源：数据由成都京川宾馆提供。

表 7.4　全国四星级饭店平均客房出租率（%）

年份	2001	2002	2003	2004	2005	2006	2007	2008
全国四星级饭店平均出租率	64.96	64.95	59.30	65.98	64.25	64.32	63.84	-
京川宾馆平均出租率	60	68	-	72	78	74	74	-

资料来源：国家旅游局、京川宾馆。

7.2.1.2　饭店关键性业务指标的分析

7.2.1.2.1　主题建设动态升级奠定中短期竞争优势的基础

从以上一系列数据中可以看出，因为三国文化主题的建设，京川宾馆已经获得了主题建设之前所没有的竞争优势，不仅在硬件瓶颈制约的条件下凭借文化主题的优势摘得了四星，而且在没有大举投资的情况下各项关键性业务指标获得了持续的大幅度的提升。然而，需要客观评价的是，这些业务指标在说明京川宾馆已经获得一定竞争优势的同时，也在屏蔽着人们对这种竞争优势的持续发展能力所进行的判断，屏蔽着人们对主题饭店竞争优势的正确认知。主题建设的确给京川宾馆带来了竞争优势，但只有首先实现了饭店自身主题建设的不断升级，才能获得竞争优势的持续升级。

从京川宾馆已有的主题建设历程来看，自 2003 年主题建设基本改造完成之后，京川宾馆坚持每年投资 20 万～30 万元用于主题建设，从而在同一主题的引领下实现了持续深入的创新，使三国文化主题氛围变得愈来愈鲜活。笔者在 2009 年 5 月和 8 月先后多次到京川宾馆实地调研，每一次去都有新的发现。例如，8 月份调研时发现一些鲜明的主题装饰物全新亮相；5 月份时京川宾馆的主题表演是外聘的、偶尔才有的，8 月份时京川宾馆已经成立了由自己的员工组成的兼职主题表演队，并且排练成功了第一个舞蹈《踏浪》。此外，针对近些年京川宾馆餐厅主题建设发展缓慢的现实，京川宾馆也邀请多家设计公司对"蜀汉堂"的三国主题设计进行投标，并最终确定了方案，进行主题改造。从这一系列事实中不难发现，在过去的发展历程中，京川宾馆的主题建设一直都处在动态升级的过程中，这就使顾客在一个创新主题的平台上有可能收获持续创新的顾客价值,所以京川宾馆并没有像有的主题饭店追寻者那样昙花一现,而是连续5年保持了持续不断的增长。

7.2.1.2.2 主题建设"偏科"升级形成中长期竞争优势的桎梏

从京川宾馆已有的主题建设成果和中短期内持续升级的方向可以看出,京川宾馆的主题建设目前主要偏重于对饭店进行主题"形"方面的建设,其中尤其着力于"形合"。根据前文对主题饭店竞争优势层级的分析,"形合"将主题自有的有形载体与饭店的有形载体相结合,没有改变资源的有形性,因此容易被模仿。"形神融合"将主题自有的有形载体与饭店的无形资源融合,很大程度上增加了被模仿的难度,但给主题饭店带来的竞争优势还是很有限的,是随着时间的推移而递减的,很难让主题饭店在某方面达到非主题饭店难以超越的高度。诚然,从主题建设的方便性和时效性上来讲,"形合"与"形神融合"是很容易在短时间内达到立竿见影的效果的,但是如果就此忽略对主题"神"方面的建设,不能在"立竿"的同时就开始循序渐进地建设和推动"神形融合"与"神合",去逐步地培育最独特、最难以被模仿的资源,那么主题本质在主题饭店的滞后表现将使这个主题饭店在中长期甚至更短的发展历程中被取代,断送主题饭店的持续发展能力。由于"神合"不可能一蹴而就,如果抱着"待主题载体全面展现之时再去建设主题本质"的心理,那就等于是在给竞争者争取时间,只有从一开始就不放松对主题本质的建设,持续点滴积累,才能使神形相得益彰,实现真正持续的发展。可见,京川宾馆主题建设的动态升级是值得学习的,而"偏科"的动态升级却是要引以为戒的。

7.2.2 增值员工价值的表现及分析

从表7.5和图7.3可以看出,从2001年到2008年,虽然京川宾馆基层员工的月均工资基本保持了持续的增长,但是员工流动率也同样呈现了持续增长的基本态势。这个结果可以从一个侧面说明京川宾馆尚没有获得如前文所述的微观环境下竞争优势的横向延伸。

表 7.5 京川宾馆基层员工平均工资和员工流动率

年份	2001	2002	2003	2004	2005	2006	2007	2008
员工流动率(%)	14	15	14	16	21	24	23	25
基层员工平均工资（元）	643	658	695	719	715	721	842	1132

资料来源：数据由成都京川宾馆提供。

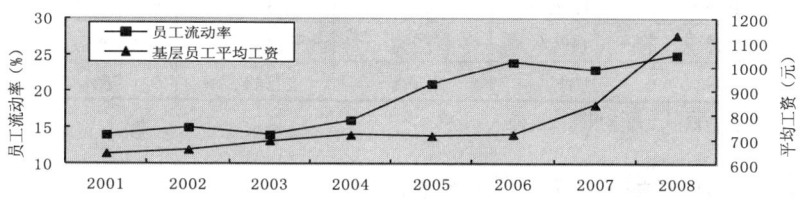

图 7.3 京川宾馆基层员工平均工资和员工流动率

资料来源：数据由成都京川宾馆提供。

这样的结果可以首先从表 7.6 中找到最直观的理由：京川宾馆缺乏对高素质人才的吸引力。由表 7.6 可以看出，2002 年到 2008 年京川宾馆本科学历员工比例一直不超过 5%，大专学历员工相对好一些，保持了增长的趋势，2008 年已占到34%，高中学历员工比重在缓慢下降，但还是占到了半数以上，初中学历员工到 2008 年依然还有 10%。这样的学历构成对于以文化作为立身之本的主题饭店来说显然是不合适的，那为什么不去吸引那些高素质的人才呢？与其他饭店一样，饭店方也将这归咎为基层服务行业的社会威望和收入低、年轻人吃不得苦等原因。但事实上，作为主题饭店来讲，主题饭店的特殊性恰恰为饭店经营管理者们吸引和留住优秀员工提供了潜在的优势，这一点已在前文进行了详细论述，不再赘述。可遗憾的是，京川宾馆尚处在竞争优势层级的较低阶段，主题饭店这方面先天优势的发挥离不开主题饭店围绕主题本质的内部企业文化建设，因此，京川宾馆对优秀人才吸引力的普遍性缺乏正恰恰反映了京川宾馆存在的"偏科"问题。

表 7.6 京川宾馆员工学历构成表

年份	初中	高中	大专	本科
2002	18%	65%	13%	4%
2003	18%	64%	16%	2%
2004	16%	60%	20%	4%
2005	16%	55%	24%	5%
2006	15%	50%	30%	5%
2007	11%	52%	33%	4%
2008	10%	51%	34%	5%

资料来源：数据由成都京川宾馆提供。

7.2.3 增值社会利益的表现及分析

京川宾馆正式挂牌"四星级主题文化饭店"不久，四川省旅游局邀请宾馆领导和专家学者在全省考察"三国旅游文化线路"，并提出沿线建造一批三国文化主题酒店。2006年，京川宾馆被纳入四川省政府"十一五"规划重点旅游工程"三国旅游"建设项目，并与此同时成为了政府多个宣传网站的特色品牌和推荐性项目，如在市政府主办的《成都来信》及其他对外宣传资料上，均有关于京川宾馆的介绍。此外，四川省政府还正式下发文件，由京川宾馆承担"三国旅游"建设项目中的主题创建、餐饮研发和沿线重要附属设施的设计、指导任务。

可见，对于成都市甚至四川省来说，京川宾馆已不再仅仅是一个辅助性的旅游设施，其本身已经成为了当地文化旅游发展的重要吸引物，甚至是排头兵。京川宾馆不仅在发展的过程中将其他饭店受制于当地社会经济文化发展的被动地位变成了与当地社会经济文化发展相生相长的主动地位，而且也获得了很多可遇不可求的市场机遇和营销优势。在这种顺势而为的积极背景下，京川宾馆首先要找准自己在"三国旅游文化线路"中的定位，要立足于饭店功能的本业进一步深化主题建设，既要从三国主题文化形式和内容上补充线路上的其他产品，又要从实力上壮大自己。相反，在顺势的背景下如果贪多、忘本，则可能变成拿己之短去拼人之长，终将得不偿失。

第三节　京川宾馆提升竞争优势的战略性建议

从京川宾馆主题建设以来持续增长的经营业绩可以很显然地看到京川宾馆在主题建设中所成就的竞争优势。但是对于一个追求基业长青的企业来讲，一时一事的优势显然是靠不住的，所以京川宾馆一直在努力、在不断地超越自己。本节将根据上节对京川宾馆竞争优势的分析，结合前文提出的主题饭店竞争优势形成模型，对京川宾馆未来进一步提升竞争优势提出一些战略性的建议，希望中国主题饭店的开创者能够最终真正树立起主题饭店的优秀模板。

7.3.1　锻造饭店的主题精神

7.3.1.1　提升主题价值理念为饭店的主题精神

京川宾馆从开始主题建设就明确将三国文化本质层面的元素——诚信与智慧——作为企业的核心价值观，虽然这个概念还未真正深刻地渗透到顾客可感知的价值层面，但它还是为主题本质与顾客高层次精神价值的结合奠定了基础。在未来主题建设的道路上，京川宾馆应该重新审视和强调"诚信与智慧"这一价值理念对京川宾馆进一步发展的重要价值。三国文化，或更精确地说是蜀汉文化，它是京川宾馆内外都了解的主题，是京川宾馆文化的一个聚焦范围。那么，这个主题的灵魂又是什么呢？也就是说，京川宾馆文化的聚焦点在哪一个文化宽度和文化高度的交汇点上呢？只有明确了这个交汇点，只有将这个交汇点与所追求的顾客价值相契合，当越来越多的主题要素出现的时候，才能达到形散而神聚的效果，才能让顾客在一派繁荣背后获得心灵的触动。

因此，京川宾馆要将"诚信与智慧"这一主题价值理念进一步明确为主题聚焦点，要将三国主题文化本身的这一价值理念提升到京川宾馆主题精神的高度，也就是要将追求"神合"作为京川下一步的工作重点。"京川宾馆的主题精神"这个提法有两层含义，它既是京川宾馆这个饭店企业的企业精神，同时又是合于京川宾馆主题的企业精神。

合于宾馆主题意味着这个精神要来源于京川宾馆的主题,更确切地说是主题本质;企业精神意味着这个精神要成为京川宾馆每一个员工的核心价值观。企业是由人组成的,个体的人有精神,企业也是可以有精神的,没有企业精神,企业中的人们就会是一盘散沙,企业的运作就难以发挥出集体的力量。只是这一精神不是自然形成的,要想让宣称的"企业精神"变为真正释放能量的"企业精神"需要持之以恒的建设和锻造。

7.3.1.2 锻造宣称的企业精神为实在的企业精神
7.3.1.2.1 将企业文化建设纳入主题建设系统

由于对企业文化、对企业文化建设与主题建设的关系没有深刻了解,很多主题饭店都将主题建设等同于企业文化建设,京川宾馆也不例外,认为三国文化就是京川的企业文化。虽然从字面上这种提法无懈可击,因为主题建设作为品牌建设的范畴,其本身就是和企业文化建设紧密联系在一起的,理想的品牌主题就是要与企业内部的企业文化相统一,但是,这种看似正确的提法背后却隐藏着对品牌主题和企业文化区别的模糊认知。

"品牌主题是概念上的驱动器,它使品牌的所有信息联系在一起"[1]。"企业文化是指企业里人们在实践中建设、共享、促进企业与人共同发展的一种文明精神准则,体现为集体价值观、思维方法和行为模式的互动;是基于企业历史优秀经验的提炼,结合他人或者其他组织的优秀之处,以先进理论为指导,以对人们的现实行为规范和未来引导为目标,在充分尊重人性规律的基础上,以激活每个人内心善的动力为手段,从而塑造出健全的集体人格,实现通过人的发展促进企业发展的基本目标"[2]。可见,从结果上来说,企业文化是企业人的思想与行为;品牌主题是企业信息的提炼,其中应该包括企业中人的思想与行为。从建设过程来说,企业文化建设强调的是对企业中人的培育;品牌主题建设则涉及对企业所有要素的建设,包括企业中的

---

[1] 雷恩·爱尔伍德著,张天艳等译:《品牌必读》,北京:新华出版社,2003,7:115。
[2] 齐善鸿等:《道本管理:中国企业文化纲领》,北京:中国经济出版社,2007,1:190。

关键要素——人。所以，从内容上，品牌主题建设应该包含企业文化建设，尤其是对于存在大量面客服务的饭店来说，顾客会从员工身上最直接地感受到企业的品牌主题。但是由于品牌主题建设本身涉及很多硬件实施的建设内容，如饭店 VI 系统的建立，所以企业文化对品牌的重要性往往被忽略，甚至被割裂。对于主题饭店来说，之所以没有达到"神合"，也没有朝着"神合"方向去努力，就是因为对品牌主题建设的理解是有局限的，因此在引入植入式主题时也不曾考虑如何在饭店人员的精神和行为层面去体现这个品牌主题，在主题建设中没有考虑企业文化建设的内容。只有把企业文化建设系统真正纳入主题饭店的主题建设系统中，趋向"神合"的建设才真正开始，才能给主题饭店带来更高层级的竞争优势。

7.3.1.2.2 围绕"诚信与智慧"进行企业文化建设

（1）明确企业文化建设的目标。

企业文化建设在时下是流行的，但是如果就此将企业文化建设变成企业的炒作行为，那么文化的力量是无法真正实现的。通过前面的分析，京川宾馆应该非常明确自己进行企业文化建设的必要性，目的就是要使京川宾馆所确定的主题本质——诚信与智慧——真正成为京川宾馆的企业精神，使顾客对京川宾馆的三国主题感知不仅来源于五官的直观体验，而且来源于心灵的深层体验，使三国主题与京川宾馆的传统功能达到"神合"的效果，使京川宾馆的员工真正能够学习到三国文化中的某些优秀因子。

（2）设立职责明确的企业文化建设专职机构或岗位。

企业文化建设的落实需要有效的组织保障。京川宾馆现设有文化部，由于没有明确的岗位职责，从文化部实际负责的工作可以了解到，这个部门目前主要是负责从三国主题的文化载体与宾馆软硬件融合方面进行主题氛围的打造。无论是三国主题的文化载体还是文化本质，由于都是统一于三国主题，二者同时出现时有相得益彰之效。因此，在企业文化建设的过程中，虽然要突出文化本质，但不排斥文化载体，相反要合理地利用。正是基于这样的考虑，本研究认为，京川宾馆可以将企业文化建设的功能放在现有的文化部，这样文化部成为专职的主题文化建设机构，既包括外在的主题氛围设计和创新，又包括内在的主题精神培育和塑造。

（3）确立"诚信与智慧"的工作内容。

要将一种宣称的理念变成实实在在的人文精神就需要将理念中所倡导的思想融入到实际的工作内容中。对于京川宾馆来说，一方面要按照展现"诚信与智慧"的原则重新梳理服务流程、设计服务标准，其中既包括直接对客服务程序和标准，又包括二线员工服务一线员工的程序和标准。例如，员工要在遵守基本原则基础上尽量想办法帮助客人解决问题，体现"智慧"；对于宾馆向顾客公开承诺的服务要坚决执行，一旦违反，无论顾客发现与否都要向顾客郑重道歉、加倍赔偿，体现"诚信"，等等。另一方面，要按照服务程序和标准，明确管理任务，尤其是管理者的培训与督导职能。因为"诚信与智慧"并非是人所共有的特质，需要事前的培训与事中的督导，培训与督导的到位程度最直接决定了员工的表现。

（4）明确"诚信与智慧"的考核方案。

"诚信与智慧"不仅要在工作任务中体现，还要明确到工作指标当中，这样才能够使员工最直观地了解到企业最想要的东西，而且要通过激励机制的确立，把企业最想要的变成全员最想要的，把企业最厌恶的变成全员最排斥的。这样才能保证新的工作任务的有效执行。

7.3.2 培育饭店的主题人才

对于企业来说，一项为顾客带来新价值的新产品的生产技术是企业最宝贵的财富。对于饭店这样的服务企业来说，服务产品本身的生产流程是充分展现在顾客面前的，整个过程也无任何机密性可言，但是同样的服务流程被不同工作状态的人员来执行，其效果是截然不同的，于是人才就成了企业很宝贵的财富，然而不可回避的是人才也是会被挖走的，于是培育人才的能力就成为了饭店企业最宝贵的财富。对于京川宾馆来说，围绕三国主题的资源中，主题本身可以被模仿，围绕主题的硬件建设也可以被模仿，而主题人才的培育能力却很难被轻易模仿。从京川宾馆目前的发展来看，真正可以服务于主题建设的人才还是非常有限的，基本还是依赖于老总意志和外部专家的非常态指导。这种状态下，虽然京川宾馆也没有面临很大的人才流失问题，但也极大地限制了未来的发展。因此这里特别强调京川宾馆要加强主题人才培育，同时也就主题人才的培育提出一些建议。

7.3.2.1 内部培养和外部借脑相结合

主题饭店不同于其他饭店，不仅需要专业的饭店服务技能和管理能力，还需要与主题文化本身相关的专业知识。由于主题本身涉及一个庞大的知识系统，所以对于并非作专业研究的主题饭店来说，如果希望给顾客带去真实的主题感知，就需要专业知识的支持。但是从人才供需的角度来说，真正掌握这类专业知识的优秀人才又往往很难成为主题饭店的专有人才，同时主题饭店又需要对主题文化某些层面有所掌握的专有人才，所以，主题饭店需要在内部与外部人才库之间建立一个有益的平衡。

7.3.2.1.1 外部借脑

首先，外脑一定要是该主题研究领域的专家、权威，这样植入式主题的打造才有公信力。

其次，要有固定的外脑顾问团队，定期研讨，使征询专家意见成为主题饭店的一种常态行为。因为主题饭店的主题建设既是一个不断积累的过程，也是一个在积累中不断创新、不断提升的过程，所以需要有一个持续的工作机制的保障。京川宾馆在主题改造之初，曾经邀请诸多三国文化、汉文化研究专家一起研究京川宾馆的主题建设，而且以三国主题为桥梁，京川宾馆也在发展的过程中结识了很多三国文化研究方面的专家学者。但遗憾的是，这种资源并没有被整合成为企业可持续利用的常态资源。

7.3.2.1.2 内部培养

首先，要培养自己的主题文化专员。外部顾问提供的更多的是一种方向性的指导，主题饭店还需要挖掘和培养自己的主题文化专员。这个职位的胜任者需要对主题本身和饭店基本对客业务都有深入的了解，要有很好的创新能力。该职位在尊重外部顾问的专业意见基础上，全权负责主题饭店内部主题建设创意方面的决策,直接对总经理负责,与文化部经理有直接合作关系（文化部经理负责的是新创意落实的方案制定和常规文化工作）。京川宾馆目前有文化专员，但是该文化专员并不属于京川宾馆的正式编制，其身份介于总经理顾问和朋友之间，而且该文化专员同时还是其他多家主题饭店的文化专员，这样的模式无法最大限度地发挥该职位的能量，并不利于主题饭店的长期发展。

其次，要对饭店员工进行主题基本素养和主题专项技能的培养。这一点将在下文详述。

7.3.2.2　全员培养和个别培养相结合

主题饭店不可能让所有员工都成为主题专家，但是从顾客角度来讲，顾客又总是会不自觉地就主题去审视和询问饭店的员工。因此，要真正成为顾客认可的主题饭店就需要在面上和点上对主题人才有一个平衡。

7.3.2.2.1　主题基本素养的全员培养

（1）主题精神的全员锻造。

事实上，锻造京川宾馆主题精神的过程就是在面上培育主题人才的过程。

（2）主题知识的全员学习。

对于主题饭店一般主题文化知识的内容需要全员学习并掌握。这一点京川宾馆做得非常好，每个月宾馆都会有相应的培训和考核，同时各部门内部又由培训主管就此项内容进行培训和考核。

7.3.2.2.2　主题专项技能的个别培养

相对于主题基本素养的培养，主题专项技能的培养所需要花费的时间和金钱要多一些，而且并不是所有人都有很好的悟性，甚至有一些技能可能本身就需要一些专业的功底。所以这类人才的培养对招聘的依赖性很大，而且同时这类人才的流失对企业的损失也往往较大。这一方面要依赖企业文化建设所产生的对员工的吸引力，一方面则受制于饭店是否有畅通的成长空间。

7.3.2.3　建立主题人才的成长通道

主题饭店不仅要让顾客有主题的收获，也要让员工有主题的收获。饭店不仅要培养员工新的可以用来滋养员工自身的知识和技能，而且要为这些知识和技能的膨胀创建展示的舞台,并给予及时的激励。既要通过设立专项技能级别为员工配发鲜明标识,给予精神激励,又要通过知识技能水平与升迁、工资挂钩,给予物质激励。

7.3.3 夯实饭店的主题硬件

从京川宾馆目前的主题建设情况来看,京川宾馆硬件的主题建设是其最明显的一个优势,饭店硬件和主题实现了较为系统的融合,很好地烘托出了京川宾馆的三国文化主题氛围。但是,这并不意味着京川宾馆可以暂时停滞这方面的建设,因为在激烈的饭店市场竞争环境下,硬件的一成不变是很容易让人产生视觉疲劳的,更何况京川宾馆硬件的主题建设并非已经达到了某种审美极致。因此,京川宾馆应该随着对三国文化主题认识的不断深入、对三国主题本质把握的逐渐精准,随着主题建设过程中"神合"的不断推进,持续地对宾馆的硬件进行升级。事实上,从近来京川宾馆的一些主题建设计划中可以看到,京川宾馆已经意识到了这种持续提升、不断夯实硬件的重要性,已经落实于扎实的实践工作中。

第八章 结论与展望

第一节 主要结论

8.1.1 主题饭店的内涵界定

8.1.1.1 主题饭店的定义

本研究从三个方面对主题饭店进行定义：

首先，从主题的选择上来说，主题是成熟的独立的文化概念，该主题独立于主题饭店之外，有着成体系且专属于该主题的文化元素。

其次，从主题饭店的形式和内容上来说，主题饭店是主题元素与饭店功能要素的融合，而且融合的方式尊重主题本身的内涵。

最后，从结果，即顾客体验来说，主题饭店不仅在保障顾客获得饭店基本功能的过程中让顾客感受到主题文化的氛围，而且使顾客在基本功能之外对主题的文化内涵与相关知识有进一步的了解，使顾客价值在精神价值层次上得到提升。

8.1.1.2 主题饭店与饭店品牌建设的关系

根据构建品牌主题时所依托的不同文化要素，品牌主题的来源被区分为原创式与植入式。因此，饭店品牌可以被划分为基于原创式主题的饭店品牌和基于植入式主题的饭店品牌。这两种品牌构建过程将直接影响顾客对饭店品牌主题的认知。

从饭店品牌的实践发展来看，基于原创式主题的品牌构建是饭店传统的、最常使用的品牌构建方式：饭店通过寻找吸引顾客的文化元素，将这些文化元素组合到自己的饭店产品中，形成饭店的品牌主题。

基于植入式主题的品牌构建则是一种比较新型的方式：饭店通过寻找吸引顾客的文化概念，围绕该文化概念对饭店产品进行设计，使饭店与该文化概念紧密关联，从而使该文化概念成为饭店的品牌主题。虽然从品牌的主题内涵来看，品牌饭店就是主题饭店，但从作为专有名词的"主题饭店"的实践起源来看，主题饭店仅限于那些基于植入式主题构建的品牌饭店。

8.1.2 国内外主题饭店的差异

8.1.2.1 顾客价值创新的直观表现

在创新内容上，拉斯维加斯的主题饭店引入主题作为体现饭店娱乐性的引爆点，意在增加饭店的娱乐价值，而成都主题饭店则是引入主题作为体现饭店文化性的源泉，意在围绕主题创新饭店的文化价值；在创新的基础方面，拉斯维加斯的主题饭店追求外形仿真，通过高仿真制造视觉冲击，而成都主题饭店从外形上来说不具有拉斯维加斯主题饭店那样的视觉冲击力，但是注重对主题的系统演绎和神似效果；顾客价值创新内容和基础的不同也就决定了新型顾客价值不同的培育过程，拉斯维加斯主题饭店的主题元素总是在饭店开业伊始昭然于世，而成都主题饭店的主题元素总是随着饭店的发展才日趋完善；最后在价值创新的持续性方面，拉斯维加斯主题饭店创造的新型顾客价值较成都主题饭店更容易被复制。

8.1.2.2 顾客价值创新差异的原因剖析

国内外主题饭店在顾客价值创新方面的差异主要源于三方面的原因。首先是目标市场的价值诉求不同，在买方市场背景下，首先考虑市场的价值诉求正在逐渐成为一种商业习惯，这直接决定了企业的价值创造过程。其次是主题的文化根基不同，每一个主题饭店本身作为某种社会文化的产物，有其不可磨灭的基因，这种基因的不同从根源上埋下了主题饭店价值创新存在差异的某种必然性。至于基因被如何利用，能够在多大程度上影响最终的价值创新结果则是源于第三个原因，即主题的开发深度不同。

8.1.3 主题饭店竞争优势形成的关键要素

8.1.3.1 主题饭店对主题的价值诉求

顾客价值创新是主题饭店引入主题的共同诉求。但是，不同主题饭店引入主题的直接价值诉求是不尽相同的。根据人们对文化的认知差异，主题价值诉求被区分为从文化概念本质出发的价值诉求和从文化概念载体出发的价值诉求两种。这两种价值诉求引导下的主题饭店在创新价值的异质性与价值创新的持续性方面存在差别。

8.1.3.2 主题本身的异质性

主题的文化根基与市场背景决定了主题本身为主题饭店带来竞争优势的可能性。根据主题本身的地域附着性，主题可以被分为本土地域文化主题、异域文化主题和非地域文化主题三种，它们没有绝对的优劣之分，分别在不同的社会发展情景下为主题饭店带来不同的竞争优势。根据主题本身的市场认知度和接受度，主题可以被分为大众化主题和小众化主题两种，它们也没有绝对的优劣之分，其优势潜能取决于主题饭店发展的社会背景。

8.1.3.3 主题与饭店的融合程度

主题有文化本质与文化载体两个基本构成部分，顾客价值的形成来源于饭店的物化环境和人化环境两类载体。主题不同构成部分与饭店不同载体的融合构成了主题与饭店融合的矩阵图，形成了四种融合方式。不同融合方式相比、程度不同的同一类融合方式相比，为主题饭店所带来的顾客价值是不同的，进而给主题饭店带来的竞争优势也是有显著差异的。

8.1.4 主题饭店竞争优势的动态发展

8.1.4.1 纵向演进

在主题及主题诉求既定的情况下，主题与饭店功能的融合必然有一个积累的过程，积极的积累过程会使主题饭店的竞争优势发生纵向的动态演进。顾客价值的系统性扩张和层次性提升是主题饭店竞争优势得以演进的本质规律，只有在此规律的指导下，不断扩大融合范围、加强融合程度,才能实现竞争优势的不断演进。

8.1.4.2 横向延伸

主题饭店作为一个社会产物,它的出现和它相对于其他饭店的变化会必然地引起内部员工与外部社会利益的变化,这种变化作为主题饭店的存在和发展的基础又会反作用于主题饭店。因此,如果能够利用主题饭店的先天优势,引导主题饭店向增值员工利益和增值社会利益的方向发展,那么主题饭店就启动了一个良性的相互作用的循环过程,必然使主题饭店的竞争优势得到进一步延伸。

8.1.5 成都京川宾馆提升竞争优势的战略路径

成都京川宾馆是我国第一家在国家授牌和证书中明确写有"文化主题"字样的主题饭店。从京川宾馆的主题建设状况以及主题建设以来持续增长的经营业绩可以看到,京川宾馆从文化本质出发的价值诉求、恰当的主题选择以及已经完成的主题与饭店功能的融合为京川宾馆带来了明显的竞争优势。但是,京川宾馆的这种竞争优势尚处在主题饭店竞争优势演进的初中级阶段,还有很大的潜力可以挖掘。而且由于京川宾馆在一些主题建设的环节上存在明显的空白,而不仅仅是程度上需要加强,因此需要京川宾馆在未来的发展过程中明确思路。本研究针对京川宾馆发展的轻重缓急,提出了三个战略性的建议,由急到缓依次是:锻造饭店的主题精神、培育饭店的主题人才、夯实饭店的主题硬件。

第二节 研究创新点

8.2.1 主题饭店概念内涵的明确界定

"主题"是主题饭店区别于其他饭店类型的关键所在,但是之前关于主题饭店的概念界定对主题的解释偏于简单,结果导致了一些模糊的认识。本研究充分挖掘主题内涵,从品牌建设的角度对主题饭店内涵进行了界定,明确厘清了主题饭店与一些相关概念的关系。

8.2.2 国内外主题饭店实践案例的比较分析

因为是舶来品,一提到主题饭店,人们就会想到拉斯维加斯,但事实上拉斯维加斯的主题饭店发展模式并不一定适应主题饭店在我国的发展。本研究探索性地对国内外主题饭店的典型代表进行了比较分析,发现了国内外主题饭店的显著差异,并对差异产生的原因进行了剖析,从而在一定程度上拓宽了主题饭店的研究思路。

8.2.3 主题饭店竞争优势形成机理的构建

本研究通过对比中外主题饭店顾客价值创新的差异,提出了主题饭店竞争优势形成的关键要素,提出了主题饭店竞争优势形成的静态模型,并对这些关键要素进行了深入、系统的分析。同时,在明晰静态构成要素的基础上,本研究又构建了主题饭店竞争优势形成的动态模型,从时间维度和空间维度上分析了以顾客价值创新为基础的主题饭店竞争优势的动态变化过程,从而比较全面地提出并分析了主题饭店竞争优势的形成机理,不仅丰富了主题饭店研究领域的研究成果,对主题饭店的实践也有积极的指导意义。

第三节　研究贡献

8.3.1 主题饭店内涵的科学界定

主题饭店内涵的科学界定对于未来主题饭店的科研工作具有基础性的价值和意义。对内涵的深入剖析和明确界定既有助于进一步明确主题饭店研究的科学范畴,也有助于主题饭店学术研究在内涵指导下的不断深入,更有助于为未来的相关研究构筑一个共享的交流平台。此外,主题饭店内涵的科学界定有助于实业界对这一新兴事物进行科学认知,从而为真正发挥主题饭店的发展能量奠定基础。

8.3.2 主题饭店内在规律的科学剖析

一个具有社会价值的新创意的出现，开始可能只是某种不经意的巧合，创造者对于新创意本身的价值机理并不了解。尽管如此，因为新兴事物的价值已经显现，人们往往会首先被价值吸引并积极效仿，至于现象背后的本质性规律则往往容易被忽略或者只被粗浅地认知。这样有利于新事物、新创意的繁荣，但其风险却是繁荣的虚假。由于不了解价值的产生机理，就会出现一种低层次的模仿和复制，这不仅不利于价值的创造，甚至会损害新事物本身的市场认知。主题饭店就是这样一种新兴事物，我国市场上以主题饭店命名的饭店很多，但真正被市场认可、受到市场青睐的却微乎其微。看到国外主题饭店硕果的人们迫不及待地根据自己的理解进行主题饭店的建设，但因为缺乏对主题饭店内在规律的认识，建设缺乏系统理论的指导。本书在明确主题饭店概念的基础上通过对比中外主题饭店实践案例探讨了主题饭店的内在规律，分析了主题饭店竞争优势的形成机理，不仅从理论上为实践提供了系统的指导，使实业界的经营者能够在明晰主题饭店价值释放原理的基础上进行主题饭店建设，从而使主题饭店的成功原理真正得到复制，而且通过探求主题饭店成功的一般的、共性的内在规律，为主题饭店理论研究的进一步深入奠定了基础，为未来进一步探索主题饭店的内在规律提供了一个可行的方向。

8.3.2.1 构建并深入分析了主题饭店竞争优势形成的静态模型

本研究确定了饭店对主题的价值诉求、主题本身、主题与饭店的融合程度三个关键因素。进而，本研究将主题价值诉求区分为文化本质出发的主题价值诉求与文化载体出发的主题价值诉求，详细分析了两种主题价值诉求对主题饭店竞争优势的影响；根据主题与文化的关系将主题分为本土地域文化、异域文化、非地域文化，根据主题与市场的关系将主题分为大众化主题和小众化主题，分别分析了不同主题对主题饭店竞争优势的影响；构建了主题与饭店融合的二维矩阵图，并深入分析了矩阵图内四种组合形式各自对竞争优势的影响。该静态模型的构建和分析对于认识主题饭店竞争优势的静态形成机理有重要意义。

8.3.2.2 构建并深入分析了主题饭店竞争优势形成的动态模型

本研究在分析静态模型的基础上又从时间和空间两个维度深入探讨了主题饭店竞争优势形成的动态模型。在时间维度上，本研究确定了主题饭店竞争优势的演进层级，并分析了竞争优势演进的本质规律和现实瓶颈，阐明了主题饭店竞争优势的纵向演进规律。在空间维度上，本研究发现主题饭店在进行顾客价值创新、形成竞争优势的过程中会带来员工利益与社会利益的增值，而这种增值又会进一步回馈主题饭店，使主题饭店的竞争优势得到横向延伸。该动态模型的构建和分析对于在动态的时空范围内认识主题饭店竞争优势的形成机理、进而推动主题饭店的持续发展有重要意义。

第四节 研究局限与展望

8.4.1 研究局限

第一，受研究条件的限制，在比较分析国内外主题饭店时，国内主题饭店选取了四川成都的主题饭店为典型代表，国外主题饭店选取了拉斯维加斯的主题饭店为典型代表，虽然各自有比较典型的代表性，但还是在客观上对主题饭店竞争优势形成模型的普适性产生了一定的限制性影响。尤其是受行业发展的阶段性限制和成都主题饭店发展的偶然性因素影响，本书所选取的成都的主题饭店代表都是改建而成的，但这并不能说明主题饭店在我国只适用于改建的饭店。虽然改建饭店与新建饭店在进行主题饭店建设时必然会存在差异，但是共性的、根本性的要素是基础，本书是以探寻其共性为己任的，共性基础上的差异性需要在日后的研究中进一步细化。

第二，受研究条件的限制，国外主题饭店的案例分析主要依托的是二手资料，采取的是文献分析法，虽然作者从多个渠道收集资料，以求获得全面的信息，但客观上，信息的充分性和公正性还是存在一定的局限性。

第三，虽然近年来"主题饭店"在市场上不断出现，但是真正符合笔者书中所下定义的主题饭店非常有限，而且从成长周期来看也基本处于发展的初级阶段。因此，对于书中提出的主题饭店竞争优势的形成模型，本研究没有采取大样本的调查给以定量检验，仅仅选取了具有一定发展历史的本土地域类型的主题饭店——成都京川宾馆进行案例分析，依据模型对京川宾馆的发展进行了诊断和指导。虽然在对模型进行应用性说明时渗透了验证的思想，但并非一个完整的检验过程，这就使研究结果在说服力上受到了一定的局限。

8.4.2 未来研究展望

尽管笔者尽了最大努力，但由于个人在学术研究和实践经验方面的诸多不足，本书一定还存在很多待完善的地方，恳请各位前辈和同行给以批评指正。作为一个新兴的科学研究领域，主题饭店尚有许多亟待深入研究的地方，相信未来会有更多的专家和学者关注这个领域，以下是笔者未来的研究展望，期待着有更多的机会和场合向前辈、同行请教。

第一，跟踪研究国内外主题饭店行业发展，对所得模型进行验证；进一步扩大实地调查范围，全面了解国内外现有主题饭店的实践发展情况，进一步分析和总结主题饭店竞争优势形成的规律，在此基础上不断修正和完善理论模型。

第二，区分高消费人群和普通消费人群、消遣型市场和商务型市场，在主题饭店竞争优势形成机理的指导下更深入地研究不同类型主题饭店竞争优势形成的特殊性。

第三，区分新建饭店和改建饭店，分别探讨其进行主题饭店建设过程中的独特性。

第四，开发制定从顾客角度出发的主题饭店评定指标体系。

参考文献

[1] 埃里克·科恩. 旅游社会学纵论, 巫宁等. 天津：南开大学出版社, 2007

[2] 安茂成. 体验三国文化, 感受道家风韵——成都京川宾馆、鹤翔山庄. 饭店现代化, 2005, 9

[3] 白长虹. 西方的顾客价值研究及实践启示. 南开管理评论, 2001, 2

[4] 保罗·谢弗. 文化引导未来, 许春山, 朱邦俊. 北京：社会文献出版社, 2008

[5] 贝恩特·施密特, 亚历克斯·西蒙森. 营销美学：品牌、识别与形象的管理, 曾嵘等. 上海：上海交通大学出版社, 1999

[6] 蔡红洋. 电视娱乐文化心理探微. 闽西职业技术学院学报, 2006, 2

[7] 陈斌. 给予顾客满意的高档商务饭店服务环境研究（博士学位论文）. 杭州：浙江大学, 2006

[8] 陈传才. 论文学的精神价值诉求. 当代文坛, 2008, 2

[9] 陈觉. 服务产品设计. 辽宁：辽宁科学技术出版社, 2003

[10] 陈文娟. 主题酒店的主题选择. 企业活力, 2007, 11

[11] 陈心德. "蓝海战略"是超越竞争的价值创新. 上海企业, 2006, 6

[12] 程鸣, 吴作民. 西方服务品牌研究评价. 外国经济与管理, 2006, 5（28）

[13] 戴维·贝赞可, 戴维·德雷诺夫, 马克·尚利. 公司战略经济学. 北京：北京大学出版社, 1999

[14] 邓念梅，吴南. 我国主题酒店盈利模式的选择. 商场现代化，2006，(34)
[15] 董大海. 基于顾客价值构建竞争优势的理论与方法研究(博士学位论文). 大连：大连理工大学，2003
[16] 董士伟. 服务场景与等候经验对国道客运旅客行为意向与选择行为之影响（博士学位论文）. 新竹："国立"交通大学，2004
[17] 范秀成，罗海成. 基于顾客感知价值的服务企业竞争力探析. 南开管理评论，2003，6
[18] 方征. 顾客体验价值理论研究综述. 统计与决策（理论版），2007，7
[19] 高占祥. 文化力. 北京：北京大学出版社，2007
[20] 龚圣雄. 国际观光旅馆服务失误关键影响因素之研究（博士学位论文）. 台中：朝阳科技大学，2002
[21] 郭松林. 从主题本身谈主题饭店的分类. 饭店世界，2005，3
[22] 郭雅婷，余炳炎. 主题酒店在中国本土化发展研究. 边疆经济与文化，2005，10
[23] 何锋. 主题酒店与酒店主题化. 北京房地产，2004，11
[24] 何建民. 西方品牌理论述评. 上海商业，2001，11
[25] 何玉婷. 对温泉文化主题酒店发展的建议. 乐山师范学院学报，2007，1
[26] 侯玉波. 社会心理学. 北京：北京大学出版社，2002
[27] 黄永健. 艺术文化论——艺术在文化价值系统中的位置（博士学位论文）. 北京：中国艺术研究院，2007
[28] 霍春辉，安曼. 企业竞争优势跃迁的动力要素及其耦合性分析. 经济管理（新管理），2007，29（6）
[29] 纪峰，梁文玲. 我国饭店企业顾客价值实证研究. 旅游学刊，2007，9（22）
[30] 焦彦，齐善鸿，王鉴忠. 城市旅游定位的战略方法. 旅游学刊，2009，4（24）
[31] 焦彦. 基于旅游者偏好和知觉风险德旅游者决策模型分析. 旅

游学刊，2006，5（21）
[32] 井世洁，李西君. 西方关于语篇主题的心理语言学研究. 开封大学学报，2004，2（18）
[33] 科特勒，凯勒. 营销管理，梅清豪. 上海：上海人民出版社，2006
[34] 孔海燕、宋海岩. 中国饭店 30 年——海内外文献回顾与比较. 旅游学刊，2008，6（23）
[35] 兰开锋，陈刚. 当代主题酒店设计——常熟日报报业大酒店方案设计. 百年建筑，2007，Z1
[36] 雷恩·爱尔伍德. 品牌必读，张天艳等. 北京：新华出版社，2003
[37] 黎花. 主题酒店产品的设计原则. 饭店现代化，2004，4
[38] 李朝辉，姚昆遗，郭宁. 关于发展经济型主题酒店的思考. 江苏商论，2007，10
[39] 李建明. 案例分析方法在管理学研究中的应用. 上海经济研究，2004，2
[40] 李杰. 主题酒店的规划设计——以京川宾馆为例. 科协论坛（下半月），2008，11
[41] 李路阳. 尼斯主题酒店：让投资升值. 国际融资，2008，3
[42] 李庆华. 基于顾客价值创新的企业战略定位研究（博士学位论文）. 杭州：浙江大学，2001
[43] 李文燕，王巍，李元霞. 基于顾客价值创新的蓝海战略研究. 价值工程，2008，2
[44] 李星，李义有，佘卉囡. 品牌文化心理积淀. 企业研究，2007，11
[45] 李艳娥. 顾客体验对轿车品牌资产的影响研究（博士学位论文）. 广州：暨南大学，2009
[46] 李原. 主题酒店与特色酒店. 饭店现代化，2005，2
[47] 瑞奇，克劳奇. 旅游目的地竞争力管理，李天元等. 天津：南开大学出版社，2006
[48] 廖云贵. 基于顾客价值创新的服务企业持续竞争优势研究. 科学学与科学技术管理，2004，1

[49] 刘建平，杨铖，杨菁菁. 论品牌的心理效应. 社会心理科学，2006，4（21）
[50] 刘玲，董瑞霞. 论主题饭店的产品文化营销. 时代经贸（中旬刊），2007，S3
[51] 刘韫. 中国主题酒店的创建和管理（硕士学位论文）. 成都：四川大学，2005
[52] 卢泰宏，邝丹妮. 整体品牌设计. 广州：广东人民出版社，1998
[53] 吕洪年，楼培. 利用历史档案打造主题饭店——浙大灵峰山庄总经理楼可程访谈. 浙江档案，2006，9
[54] 罗伯特·K. 殷. 案例研究方法的应用，周海涛. 重庆：重庆大学出版社，2004
[55] 罗伯特·格兰特. 战略管理. 北京：光明日报出版社，2001
[56] 马龙龙，李智. 服务营销与管理. 北京：首都经济贸易大学出版社，2002
[57] 马毅. 人文精神价值的形而上内蕴. 辽宁大学学报（哲学社会科学版），2008，2（36）
[58] 迈克尔·波特. 竞争优势. 北京：华夏出版社，1997
[59] 欧荔. 中国主题酒店文化融合的思考. 旅游科学，2003，3
[60] 彭聃龄，张必隐. 认知心理学，杭州：浙江教育出版社，2004
[61] 彭文静. 主题酒店的规划设计. 技术与创新管理，2008，1
[62] 彭雪蓉. 基于顾客体验的主题酒店产品研究（硕士学位论文）. 杭州：浙江大学，2006
[63] 齐善鸿，焦彦. 基于消费者购买行为规律的文化营销. 消费经济，2007，4
[64] 齐善鸿. 道本管理：精神管理学说与操作模式. 北京：中国经济出版社，2007
[65] 齐善鸿等. 道本管理：中国企业文化纲领. 北京：中国经济出版社，2007
[66] 秦浩，孟清超. 主题酒店的定位研究. 商讯商业经济文荟，2004，4

[67] 芮明杰，霍春辉. 知识型企业可持续竞争优势的形成机理分析. 管理学报，2009，3（6）

[68] 芮明杰，李想. 差异化、成本领先和价值创新——企业竞争优势的一个经济学解释. 财经问题研究，2007，1

[69] 沈伯俊. 开发"三国文化之旅"的几个问题. 中华文化论坛，2003，2

[70] 沈宏，王莹，朱创业，肖晓. 试论主题酒店的管理创新——以成都京川宾馆为例. 华商，2008，（20）

[71] 施密特. 体验营销，刘银娜等，北京：清华大学出版社，2004

[72] 宋向光. 历史博物馆陈列主题的内涵与解读. 中国博物馆，2006，2

[73] 汤姆·布劳恩. 品牌的哲学：伟大思想家关于品牌的看法，张涛. 南宁：接力出版社，2005

[74] 特里·A. 布里顿，戴安娜·拉萨利. 体验——从平凡到卓越的产品策略，王成，龙潜. 北京：中信出版社，2003

[75] W. 钱·金，勒妮·莫博涅. 蓝海战略：超越产业竞争、开创全新市场. 北京：商务印书馆，2005

[76] 王晖. 主题酒店体验环境设计策略. 中国旅游报，2006 第 7 版

[77] 王晖. 主题酒店体验环境设计的模式与策略. 饭店现代化，2006，8

[78] 王建华. 企业竞争优势形成机制及竞争力评测研究（博士学位论文）. 上海：上海交通大学，2002

[79] 王素君. 企业竞争优势演进与跨国经营发展问题研究（博士学位论文）. 广州：华南农业大学，2003

[80] 王新新. 品牌本体论. 新华文摘，2004，22

[81] 王莹，沈宏，朱创业，肖晓. 浅谈主题酒店的产品设计原则的选择——以西藏饭店、京川宾馆为例. 华商，2008，（20）

[82] 王颖超. 传统再生产与品牌文化的打造（博士学位论文）. 北京：北京师范大学，2008

[83] 维克多·密德尔顿. 旅游营销学，向萍等. 北京：中国旅游出版

社，2001
- [84] 魏小安，赵准旺. 主题饭店. 广州：广东旅游出版社，2005
- [85] 魏小安. 主题酒店：时代的呼唤 市场的需要. 饭店现代化，2005，9
- [86] 西蒙·诺克斯，斯坦·马克兰. 价值竞争——在品牌价值和消费者价值之间架起桥梁，李婧，马月才. 北京：北京出版社，2001
- [87] 奚晏平. 中国饭店业人力资源的社会学分析. 饭店现代化，2005，10-11
- [88] 谢宝暖. 从服务接触谈图书馆之服务环境管理. 大学图书馆，1997，1（4）
- [89] 谢彦君. 旅游体验研究（博士学位论文）. 大连：东北财经大学，2005
- [90] 徐虹. 饭店企业核心竞争力研究. 北京：旅游教育出版社，2004
- [91] 徐菊凤. 奥运旅游与主题酒店创新开发. 中国旅游报，2005
- [92] 薛可. 品牌扩张：延伸与创新. 北京：北京大学出版社，2004
- [93] 晏国祥. 消费体验研究史探. 北京工商大学学报（社会科学版），2007，4（22）
- [94] 杨俊锋. 魅力主题酒店. 中国中小企业，2006，8
- [95] 杨治良等. 记忆心理学，上海：华东大学出版社，1999
- [96] 易建华. 基于顾客价值创新的战略思维. 价值工程，2005，6
- [97] 殷炜琳. 女性主题酒店的相关问题研究. 饭店现代化，2007，6
- [98] 尹洪，程辉，冷欣."陶瓷艺术"主题酒店设计研究. 美术大观，2008，8
- [99] 游富相. 基于人力资源管理市郊的饭店核心员工"流"与"留"分析. 经济问题探索，2007，9
- [100] 于荀. 拉斯维加斯主题酒店剖析. 中国地名，2006，4
- [101] 俞国良，王青兰，杨治良. 环境心理学. 北京：人民教育出版社，2003
- [102] 袁世伟. 主题饭店产品开发与模型选择. 商业时代，2005，（17）

[103] 曾凯，杜胜. 现代系统论与中国传统形神观. 南京理工大学学报（社会科学版），2001，5

[104] 曾锵. 基于顾客价值的服务标准化与服务定制化研究. 北方经贸，2005，（3）

[105] 曾熙，黄蔚艳. 民族文化主题酒店设计探索——以粤闽赣客家文化酒店为例. 饭店现代化，2008，8

[106] 张灿，赵波，周翔. 新竞争环境下对持续竞争优势的再界定. 科技与管理，2002，4

[107] 张明，廖培. 浅谈主题酒店及其体系建立——以京川宾馆、鹤翔山庄为例. 桂林旅游高等专科学校学报，2006，5

[108] 张明，廖培. 主题酒店主题文化选择的影响因素综合分析. 北京第二外国语学院学报，2006，7

[109] 张明立，樊华，于秋红. 顾客价值的内涵、特征及分类. 管理科学，2005，2（18）

[110] 张莞. 试论主题饭店的文化定位和建设问题——以成都市京川宾馆为例. 四川教育学院学报，2006，（11）

[111] 张秀明，武琼. 从设计角度谈主题酒店经营之道. 中国商界（下半月），2008，8

[112] 张羽. 基于顾客体验的温泉主题酒店的产品设计. 贵州商业高等专科学校学报，2007，3

[113] 赵长云. 珍禽伴君舞 白虎共餐欢——记"动""静"装饰的长隆主题酒店. 广东建筑装饰，2002，1

[114] 赵益民. 浅析国内主题酒店的开发. 经济师，2007，10

[115] 赵振举. 高星级饭店顾客价值研究（硕士学位论文）. 上海：华东师范大学，2008

[116] 郑冉冉. 关于顾客价值创新的若干研究. 统计与决策，2007，5

[117] 郑文东. 符号域：民族文化的载体. 中国俄语教学，2005，24

[118] 周晓东，项保华. 什么是企业竞争优势. 科学学与科学技术管理，2003，（6）

[119] 周亚庆. 基于顾客价值的饭店企业服务模式创新. 北京第二外

国语学院学报，2006，5

[120] 周亚庆. 基于顾客价值理论的饭店企业经营战略研究. 中国人文科学研究，2004，2

[121] 邹益民,彭雪蓉. 主题酒店产品顾客体验关键要素的探索性研究. 旅游论坛，2008，4

[122] 邹益民,奚高云. 顾客价值理论对饭店服务流程优化的启示. 商业经济与管理，2003，142（8）

[123] 邹渝. 厘清论理与道德的关系. 道德与文明，2004，5

[124] 朱贻庭. 文化其"神"与"形"——以儒家文化为例探讨发挥传统文化现代生命力的方法. 毛泽东邓小平理论研究，2006，10

[125] 朱贻庭. 论文化的"形神"结构与弘扬优秀文化传统. 探索与争鸣，2007，4

[126] Ananth, M., DeMicco, F. J., Moreo, P. J. & Howey, R. M. Marketplace lodging needs of mature travelers. The Cornell Hotel Restaurant Administration Quarterly, 1992, 33(4)

[127] Andrew Bennett. Case Study Methods: Design, Use, and Comparative Advantages, in Detlef F. Sprinz and Yael Wolinsky-Nahmias, eds., Models, Numbers, and Cases: Methods for Studying International Relations, Ann Arbor: The University of Michigan Press, 2003

[128] Baker, J. The Role of the Environment in Marketing Services: The Consumer Perspective, in John A. Czepiel, Carole A. Congram and James Shanahan(eds.), The Service Challenge: Integrating for Competitive Advantage, Chicago: American Marketing Association, 1987

[129] Barsky & Richard Labagh. A strategy for customer satisfaction. The Cornell Hotel and Restaurant Administration Quarterly, 1992, 35(3)

[130] Berry,Leonard L. Cultivating service brand equity. Journal of the Academy of Marketing Science, 2000, (1)

[131] Bitner, M.J. Evaluating service encounters: the effect of physical

surroundings and employee responses. Journal of Marketing, 1990, 54(4)

[132] Bitner, M.J. Servicescapes: the impact of physical surroundings on customers and employees. Journal of Marketing, 1992, 56 (4)

[133] Chan E. S.W. & Wong S. C. K. Hotel selection: When price is not the issue. Journal of Vacation Marketing, 2005, 12(2)

[134] Crawford Welch S., McCleary K. W. An identification of the subject areas and research techniques used in five hospitality-related journals. Internal Journal of Hospitality Management, 1992, 11 (2)

[135] Dabholkar P. A. Consumer evaluations of new technology-based self-service options: an investigation of alternativemodels of service quality. International Journal of Research In Marketing, 1996, 1(13)

[136] Firat, Dholakian. Consuming people: from political economy to theaters of consumption. London: Sage, 1998

[137] Hanny N. Nasution, Felix T. Mavondo. Customer value in the hotel industry: what managers believe they deliver and what customer experience. International Journal of Hospitality Management, 2008, (27)

[138] Hightower, R., Brady, M., Baker, T. Investigating the role of the physical environment in hedonic service consumption: an exploratory study of sporting events. Journal of Retailing, 2002, 55 (9)

[139] Holbrook M. B., Hirschman E. C. The experientialaspects of consumption: consumer fantasies, feeling, and fun. Journal of Consumer Research, 1982, 2(9)

[140] Ingrid Y. Lin. Evaluating a sevicescape: the effect of cognition and emotion. Hospitality Management, 2004, (23)

[141] Kenichi Ohmae. Getting Back to Strategy. Harvard Business Review, 1988, 6

[142] Knutson. Ten laws of customer satisfaction. Cornell Hotel and Restaurant Quarterly, 1998, 29(3)

[143] Kotler, P. Atmospherics as a marketing tool. Journal of Retailing, 1973, 49(4)

[144] Laurette D. & Leo M.R. Creating visible customer value. The Cornell Hotel and Restaurant Administration Quarterly, 2000

[145] LeBlanc G. & Nguyen N. An examination of the factors that signal hotel image to travelers. Journal of Vacation Marketing, 1996, 3(1)

[146] LeBlance G. Factors affecting customer evaluation of service quality travel agencies: an investigation of customer perceptions. Journal of Travel Research, 1992, 30(4)

[147] Lucas, A.F. The determinants and effects of slot servicescape satisfaction in a Las Vegas hotel casino. UNLV Gaming Research & Review Journal, 2003, 7 (1)

[148] Mathwick, Charla, Naresh Malhotra, and Edward Rigdon. Experiential value: conceptualization, measurement and application in the catalog and internet shopping environment. Journal of Retailing, 2001, (77)

[149] Mehrabian, A., Russell, J.A. An Approach to Environmental Psychology. MIT Press, Cambridge, 1974

[150] Michael E. Porter, Mark R. Kramer. Strategy and Society: The Link between Competitive Advantage and Corporate Social Responsibility. Harvard Busniess Review, 2006, 12

[151] Morris B. Holbrook. Customer value: a framework for analysis and research. Advance in Consumers Research, 1996, (23)

[152] Newman, A.J. Uncovering dimensionality in the servicescape: towards legibility. The Service Industries Journal, 2007, 27 (1)

[153] Otto J.E., Ritchie J.R.B. Exploring the quality of the service experience: a theoretical and empirical analysis. Advances in Services Marketing and Management, 1995, 4

[154] Peter Drucker. The Practice of Management. New York: Harper & Row Press, 1954

[155] Petrick J.F. Development of a multi-dimensional scale for measuring the perceived value a service. Journal of Leisure Research, 2002, 2 (34)

[156] Raymond K.S. Chu & Tat.Choi. An importance-performance analysis of hotel selection factors in the Hong Kong hotel industry: a comparison of business and leisure travelers. Tourism Management, 2000, (21)

[157] Reichheld F. and Sasser Jr. W. E. Zero defection: quality comes to services. Harvard Business Review, 1990, 9-10

[158] Rivers M. J., Toh R. S. & Alaoui M. Frequent stayer programs: the demographic, behavioral, and attitudinal characteristics of hotel steady sleepers. Journal of Travel Research, 1991, 30(2)

[159] Rodi A. R. , Kleine S. S. Customer participation in services production and delivery, in Swartz, T. A. andIacobucci, D. (eds.). Handbook of Services Marketing andManagement, California: Sage Publications, Inc., 2000

[160] Roscoe Hightower etc. Investigating the role of the physical environment in hedonic service consumption: an exploratory study of sporting events. Joumal of Business Research, 2002,(55)

[161] Ruyter, Ko De, Wetzels, Martin, and Lemmink. The power of perceived service quality in international marketing channels. European Journal of Marketing, 1996, (30)

[162] Ryu K., Jang, S. The effect of environmental perceptions on behavioral intentions through emotions: the case of upscale restaurants. Journal of Hospitality & Tourism Research, 2007, 31 (1)

[163] Schmitt B. H. Experiential marketing. Journal of Marketing Management, 1999, 1

[164] Sheth Jagdish N., Bruce I. Newman, Barbara Gross. Consumption values and market choice: theory and applications .Cincinnati: Southwestern Publishing, 1999

[165] Sonya Padgett. World just got smaller: curtains drop on themed hotel-casinos. Las Vegas review-journal, 2008, 9

[166] Spies, K., Hesse, F., Loesch, K. Store atmosphere, mood and purchasing behavior. International Journal of Research in Marketing, 1997, 14 (1)

[167] Sweeney J.C.& Soutar, G.N. Consumer perceived value: the development of a multiple item scale. Journal of Retailing, 2001, 2 (77)

[168] Turley L.W. and Milliman R.E. Atmospheric effects on shopping behavior: a review of the experimental evidence. Journal of Business Research, 2000, 49

[169] W. Chan Kim, Renee Mauborgne. Value innovation: the strategic logic of high growth. Harvard Business Review, 1997, 1-2

[170] W. Chan Kim. Value Innovation: The Strategic Logic of High Growth. Harvard Business Review, 1997, 1

[171] Wakefield, K.L., Blodgett, J.G. Customer response to intangible and tangible service factors. Psychology & Marketing, 1999, 16 (1)

[172] Wakefield, K.L., Blodgett, J.G. The effect of the servicescape on customers' behavioral intentions in leisure service settings. Journal of Services Marketing, 1996, 10 (6)

[173] Wakefield, K.L., Blodgett, J.G. The importance of servicescape in leisure service settings. Journal of Services Marketing, 1994, 8 (3)

[174] Wilensky, L., Buttle, F. A multivariate analysis of hotel benefit bundles and choice trade-offs. International Journal of Hospitality Management, 1988, 7(1)

[175] Woo Gon Kim, Yun Ji Moon. Customers'cognitive, emotional and actionable response to the servicescape: a test of moderating effect

of the restaurant type. International journal of hospitality management, 2009, 28

[176] Zeithaml, V.A., & Bitner, M.J. Service Marketing. New York: McGraw-Hill, 1996

后 记

在饭店激烈竞争的市场背景之下,在文化日益彰显力量的国际趋势下,作为一种较新的特殊饭店类型,主题饭店近年来受到了业界的密切关注。同时,伴随着主题饭店在市场上的摸索式发展,相关理论成果的需求变得越来越突出。然而,作为一个较新的研究领域,目前国内外的相关研究并不足以为实践提供有效的服务。正是在这样一个理论匮乏与实践急需共存的现实背景之下,我选择了主题饭店作为博士毕业论文的研究对象,选择了主题饭店目前的最紧迫问题——竞争优势的形成机理——作为研究内容。本书是在我博士毕业论文的基础上雕琢而成的,希望通过本书的出版能够给饭店企业管理者带去创新的思路和实用的方法,也希望能够更加唤起学界对业界需求的关注,能够给院校的学生带去一些新鲜的养料。

这本书能够顺利完成要特别感谢我的导师齐善鸿教授。在跟随齐教授学习的这段日子里,齐教授孜孜不倦的工作精神和对国家、对民族、对社会的高度责任感深深感染和激励着我,也正是因为受到齐教授的影响,我大胆选择了一个在学术研究领域较新但在实践领域有着紧迫需求的课题进行研究。在本书的写作过程中,齐教授不仅不厌其烦地给我提供具体、详实的指导,而且还帮助我联系实践考察案例,使本书能够圆满完成。我还要感谢成都市京川宾馆、鹤翔山庄总经理、中国国际主题酒店研究会执行会长安茂成先生,感谢成都市西藏饭店、京川宾馆、鹤翔山庄、芙蓉丽庭酒店前文化专员,都江堰市珍发大酒店总经理陈跃威先生,感谢京川宾馆文化部经理刘瑶女士。这些实业界的精英不仅为我提供了丰富的研究资料,而且给我以智慧的启迪,对我的研究提供了莫大的帮助。

最后，我要感谢本书中所涉及的所有参考文献的作者和研究人员，感谢他们在本研究领域所作出的努力，让我可以站在巨人的肩膀上完成本书。

焦 彦
2012 年 5 月于南开园